三农思语

柯炳生 / 著

中国农业出版社

北　京

本 书 编 委 会

唐园结　农民日报社党委书记、社长

何兰生　农民日报社总编辑

徐恒杰　农民日报社编委

施　维　农民日报社评论部主任

张凤云　农民日报社评论部副主任

柯利刚　农民日报社评论部评论员

致读者

务农重本，国之大纲。三农问题，既是生产问题，也是社会问题，既是经济问题，也是政治问题，关系到我们每一个人的切身利益。尤其在当今信息化社会，三农问题更是受到前所未有的关注，例如食品安全、粮食安全、农村土地、农业教育、农业科技、农业贸易、农村发展问题，等等。这对提高三农问题的关注度和动员全社会力量支农惠农，无疑是有利的。但同时也存在对某些三农话题过热、过度炒作的现象，也有不少认识不清、思辨不明的问题。为此，《农民日报》开设了"三农思语"专栏，特邀著名三农问题专家、中国农业大学原校长柯炳生教授，用通俗的语言，为我们讲解三农问题，既是澄清认识，亦是交流探讨。

这些年，从各种角度研究三农问题的著作数不胜数，既有宏观研究，也有微观考察；既有理论研究，也有实证分析。但大多研究偏重于学术探究，过于繁琐，一般读者也很难读懂。用通俗浅显的语言，把复杂的三农问题讲清楚，绝非易事。这方面，柯教授下了一番功夫，做了很好的尝试。

2017年10月，党的十九大首次提出实施乡村振兴战略，并写入党章。这在我国三农发展进程中具有划时代的意义，乡村振兴战略是新时代三农工作的新旗帜和总抓手。实施乡村振兴战略，更需要把握当前三农问题的实质，认清三农工作的形势，相信本书会带给你一些知识、一些思考、一些启迪。

我与三农研究

今年，是改革开放 40 周年，也是恢复高考 77 级入学 40 周年。对于 50 年代出生的人，回顾改革开放，回顾恢复高考，就是回顾人生命运的转折，回顾职业生涯的升腾。

一

我生在农村，长在农村。40 年前，离开了山村老家的茅草屋，进京读书。当天，日记本中抄了一首诗：男儿立志出乡关，报答国家那肯还。埋骨岂需桑梓地，人生到处是青山。现在想来，当初抄录此诗，既表达了一种豪情壮志，也暗含了这样的意思：终于离开农村了，不会再回去了。

上大学之前，我在农村生活，吃过很多苦。小时候是担水、砍柴、拉犁、种自留地。中学毕业后的五年，做过刨粪、挑粪、插秧、铲地、拔草等农活，也在建筑工地上搬砖运石，在砖瓦厂做砖出窑……做这些活的时间不算很长，加起来一年多点。然后当了两年左右的社办企业会计，又当了两年的公社文化站站长。这五年的工作经历，涉及到基层村组、乡镇企业、乡镇干部几个层面，让我对农村生产生活，有了全面的感性体验。这些经历，当时的感觉，不是苦累，就是乏味。而对于我后来的"三农"研究，却具有不可或缺的重要意义。其中最重要的是：无论我读了多少课本书籍，了解多少理论知识，在研究"三农"问题时，思想和言论，都不会怎么离谱。

那时候，上大学，当科学家，是我的梦想。终于，等来了恢复高考的惊天之喜。高考志愿，填报得很简单：北京大学物理系，辽宁大学数学系，大连工学院（现大连理工大学）物理系。这三所大学，按照我当时的理解，分别代表着国家级大学、省级大学和市级大学。最喜欢的，是数学，上大学前就自学了微积分。但在本省的招生简章上，没有找到北大数学系，只好报物理系。结果，物理系也没上成，被录取到北大地质地理系自然地理专业。入学后不久，地质地理系一分为二，我成了地理系的学生。

学校是好学校，专业也是好专业。只是，不是我的喜好。当年，也没有转专业一说。于是，老老实实地，去努力学习地理学。一边学着地理学，连年争当三好学生；一边琢磨着，找别的出路。数学家的梦是做不成了，太难。上大学前，写过歌词、对口词、故事之类的东西，是市县文化局关爱的青年作者；可旁听了几次中文系的课，觉得自己不是那块材料，况且觉得唐诗宋词什么的，离社会的现实太远，在改革开放的大潮中，使不上劲。

旁听别系的课，太费时间。于是，每天就到图书馆中去，找各种书看，包括哲学、心理学、社会学等。当时的必修课中，有政治经济学。我有些好奇，想知道一下，不带政治的经济学是什么样子的，于是就去图书馆查书。图书目录上，以经济学为名的书籍，不多。我选了一套出版时间最新的，上中下三册，外国人写的，中国人翻译的。一读之下，大为震动。才知道，世界上还有这样一种经济学，完全是另一种体系，不从价值和使用价值讲起，而从需求和供给讲起。当时的感觉是，政治经济学太抽象，高大上，但悬在半空中；这个经济学很实在，讲的道理，能够直接联系到生活实际，例如需求弹性，边际效用递减等等。这极大地激起了我对经济学的兴趣。那套书，就是萨缪尔森的《经济学》。

二

转到"三农"领域的真正契机，是考研。考研的动机，不是很"纯正"，主要是奔着出国去的。其次，也是对经济学有了兴趣。选了北京农业大学农业经济学专业，是觉得好考些。总分还不错，英语尤其好，但是专业课有点离谱，只有45分（入学后问别人，都是90来分）。出国落选，但被破格录取为国内研究生。现在回想起来，正应了一句古话：塞翁失马，焉知非福。

国内读研的三年，收获颇大。恶补了很多专业知识，也更好地了解了农业农村实际。虽说生活环境不如本科时，但读书学习方面的满足感，却要高很多。主要是兴趣很强烈，目标很明确，收效很明显。

读研第一年的寒假，就参加了中央农村政策研究室（简称农研室）组织的调研活动。我自选题目，在家乡进行了调查，并写出了一篇报告《农村的就业问题——辽宁省凤城县爱阳公社调查》。上交报告时，还附上了一封信，大意是说：农研室提出的备选题目中，农经学会会刊的年度选题中，都没有包括就业问题，但是，根据我调查的情况，感觉这个问题很突出，值得特别关注。后来听说，杜老（农研室主任杜润生）看到后，很重视，做了批示，刊登在1983年5月的《农村问题论坛》刊物上。这是农研室的内刊，很权威，专供决策部门领导参阅，影响力远远大于公开刊物。第一篇报告，就获得了高度认可，很是兴奋，很受鼓舞。心想，这条路，走对了。

后来的硕士学位论文，就在此基础上，延伸到城市化问题上。答辩通过后，把其中的主要内容摘录出来，写成了一篇论文，题为《我国农村经济的发展与城市化》，投给了中国农经学会会刊《农业经济问题》。很快，该刊加了编者按，刊登在 1985 年第 2 期的"争鸣与讨论"栏目中。这是正式发表的第一篇文章。文章的影响较大。当时的主流观点是"离土不离乡"，而我的观点是，不仅离土，也要离乡——文中的表述是"一方面将农村新投资办的企业集中到城市里办，另一方面将城市里的就业门路也向农民开放，使得城乡农民后代享有同等的就业选择机会"（只是我无论如何不会想到，今天会有成亿的农民到城里工作）。该刊随后发表了两篇针对本文的争鸣文章。在"三农"研究的道路上，这是新的重要激励。

研究生毕业之后，就被留校，并被选派到德国读博。留学期间，最重要的收获，不是所学的知识，而是治学态度。严谨的逻辑，是德国学者的集体特征。尤其是：用事实说理，用数据说话；理论联系实际，不这么说，却这么做。此外，对市场机制的感受，至为深刻，潜移默化，深入心髓。

1989 年初春，我拿到了博士学位证书。我写了首诗，题到留存的博士论文扉页：莱茵河上春又流，终把此情待归舟。长发三年苦不苦，方帽一顶求非求。足遍东西识长短，言及上下知喜忧。少时意气今犹在，欧地回望尽浅丘。

三

拿到博士学位后，便回国，到北京农业大学（现中国农业大学）

经管学院任教。

由于"文革"十年造成了队伍断层，使得不拘资格、奖掖新人，蔚然成风。当时的农大领导，更有诸多率先引领之举。我与一些青年教师，被加压了很多重担。博士毕业后的六年间，学术行政两条线，一路破格，从讲师、副教授、教授，到博士生导师；从经管学院副院长、学校研究生院副院长、经管学院院长，到副校长。由于有行政兼职事务的繁重压力，那一期间，我的研究领域，始终比较窄，聚焦在农产品市场与政策方面。

在小平同志视察南方发表重要讲话之前，农产品的市场问题，争议很大。这期间，我发表了两篇文章，影响较大。其中的一篇，《我国粮食市场上的价格信号问题》，发表于《中国农村经济》1991年第 6 期。《新华文摘》全文转载，《中国农村经济》、《粮食经济研究》、《江西物价》等先后发表了争论文章。文章的核心内容，是提出了粮食价格信号的放大性原理。即：由于粮食供求的弹性都很小，从而粮食市场价格在反映供求关系变化时，具有放大性：一个很小的数量变化，就会引起一个很大的价格变化；不能因为粮食价格变化幅度大，就认为短缺或过剩程度严重。另一篇，《我国国营粮食经营部门的价格体系和补贴问题》，发表于《中国农村经济》1990 年第 11 期。据此为主要内容撰写的英文文章《Price and Subsidy Policy for Grain in China》，入选 1991 年第 21 届国际农经大会征文，被邀请与会发言。我是该次大会唯一获邀做发言的中国学者。只是，由于签证原因，我未能出席，而由别人代为宣读。

在粮食市场与政策方面的研究成果，带来了若干奖项，包括：霍英东教育基金会青年教师奖二等奖（经济学），第一届全国青年优秀社会科学成果奖，农业部软科学研究优秀成果奖一等奖，全国高校首届人文社科研究优秀成果奖等。1995 年，结集出版为《中国粮食市场与政策》。

1997 年 8 月，第 23 届国际农经大会邀请我做了大会特邀报告，题为《Policy and Institutional Changes for Agriculture in China：Production，Consumption and Trade Implications》。那以后，学术性强的会议，我就很少参加了。

四

1997 年 12 月，我被调任农业部农村经济研究中心主任。这个研究中心，是农研室的余脉。1990 年，农研室改组，原有人员一分为五。前四部分，分别调往中央政策研究室、国务院研究室、国家体制改革委、国务院发展研究中心；其余人员，划归农业部，组建了农村经济研究中心。农研中心的办公地点，仍在农研室原址西皇城根 9 号院和砖塔胡同 56 号院。杜老也还保留着办公室，通常每天上午来半天。

杜老领导下的农研室，是 20 世纪 80 年代农村改革政策的策源地和决策部门。1982—1986 年间，在激烈的争辩中，冲破了层层阻力，连续组织讨论出台了 5 个"一号文件"，从推行家庭联产承包制，到开放农产品市场，强力推动农村改革风起云涌，为四十年的农村改革，奠定了前进方向和关键基础。研究生学习期间，农研室就是我倾心向往的地方，也做了些联系。只是因为出国，未能如愿。多年之后，能够以这样一种方式，到与农研室有历史关联的机构任职，也是一种缘分。在这里，我工作到 2008 年 1 月，整整十年！

这十年，收获极大。1989 年诗中的那两句，"足遍东西识长短，言及上下知喜忧"，其实是那时的妄言自夸。真正触及到那个境界，是在农研中心的十年历练之后。十年中，我访问了许多国家，了解了主要国家的农业发展和政策情况；也每年都到农村田间、农户家中调研，看到了西藏、贵州、甘肃等地区的贫困，也看到了江浙一带发达地区的富裕。同时，每年都多次进入中南海，参加座谈会。尤其是 2003—2009 年期间，先后十次参加总书记、总理、副总理主持的座谈会，听党和国家领导人的"三农"之虑，讲自己的调研所得，谏政策改革之议。到中央政研室、国务院研究室、中农办等部门去参加座谈会，讨论有关农业农村发展与政策问题，就更频繁了。我从未当过"一号文件"的起草组成员，不过，却经常参加起草过程中的咨询讨论会（农研中心有同志直接参与了起草工作）。

这十年，我得以把主要精力放到研究工作上。十年间，研究的主要问题，可以分为四大方面：粮食等农产品市场与政策研究；农村税费与补贴研究；WTO 与贸易问题研究；农业科技政策等其他问题研究。

在粮食等农产品市场与政策研究方面，首先是运用我此前提出的粮食价格信号放大性原理，分析了 20 世纪 90 年代末期的粮食过剩与市场价格大跌问题，强调不要被眼前的短期波动误导，误判长期发展态势，发表了文章《正确判断农业发展形势，切实加强农业基础地位》等。

其次是研究了粮食流通体制改革问题，尤其是应邀参加纪念农村改革开放 20 周年大会，系统地梳理分析了粮食流通体制改革问题，明确指出了当时实行垄断收购、顺价销售的不可行性，形成了题为《粮食流通体制改革与市场体系建设：回顾与展望》的文章。只是，初稿形成后，送交上级领导和朋友审阅，根据他们的强烈建议，最后在大会宣读时，把直接质疑当时粮食政策的第四部分删除了。几年之后，在出版文集时，才放入了完整版。

1998 年之后，连续 5 年粮食减产，国家粮食安全问题，再度成为政府和百姓的关注焦点。我对此进行了系统的分析判断，并在 2004 年年初参加总理主持的专家座谈会上，做了发言，提出了"粮食安全问题是长期问题，而不是短期问题；是生产问题，而不是流通问题；是食物问题，而不是谷物问题；是数量问题，而不是价格问题；是全局性问题，而不是局部性问题；是政府的目标，而不是农民的目标"的判断，并做了具体阐述。

对于棉花问题的研究，起于 1999 年。当时，在联合国粮农组织工作的朋友，认为我国加入 WTO 后，棉花是受影响最大的农产品之一，建议联合举办中国国际棉花大会，来进行交流研究。于是，农研中心与中华全国供销合作总社棉麻局、联合国粮农组织商品局一起，于 1999 年在西安组织举办了首届中国国际棉花大会。此后，每两年一次，已经举办了 10 次，影响日益广泛。近 20 年来，我国棉花的产销贸易与价格，发生了很大的变化。棉花产业与粮食产业的最大不同在于，棉花是纺织业原料，我国是纺织品贸易大国，纺织业受国际贸易影响很大。这使得我国棉花的需求，增减波动很大。棉花产业的另一重要特点是劳动投入多，随着农村劳动成本的快速上涨，东部地区棉花生产急剧减少，而新疆棉花生产快速增加，在全国棉花总产的占比已经达到 70% 了。

对甘蔗的研究，也值得一提。本世纪初，广西壮族自治区主要领导要求压缩自治区的甘蔗面积。我们进行了调研之后，认为广西在甘蔗种植上，具有明显的区域优势，提出了继续鼓励广西甘蔗发展的建议。文章在《农民日报》发表后，引起了广西方面的较大反响。

在取消农村税费与直接补贴方面，我和农研中心的同志较早进行了研究。从2001年到2003年，我就此写了多篇报告和文章。2001年9月，提交了有关发达国家对农民进行直接补贴的研究报告。报告提出了建议：取消农业税、农业特产税、屠宰税；取消教育费附加和"五统筹"；取消村提留；按照脱钩补贴方式，对农民进行直接补贴等。研究报告得到了国务院领导的重要批示，明确要求研究适合国情的直接补贴做法，结合农村税费改革、粮食购销体制改革以及各项扶持农业的政策措施一并考虑，并指示财政部牵头做些酝酿。2002年3月，在《南方周末》上发表文章《短期内最有效的途径：减免农业税费》。2003年4月在《人民日报》上发表文章《取消农业特产税势在必行》，提出"不仅农业特产税的取消是必然趋势，所有农业税费的取消也是必然趋势"。2003年在有关税务杂志上发表文章《取消农业税的重大意义与可能途径》，再次明确提出"解决三农问题，当从取消农业税始"。在取消农业税和农业补贴方面的研究，获得了农业部软科学研究优秀成果一等奖。

在WTO与贸易问题方面，主要是对WTO规则的解读，加入WTO对农业产业的影响，以及加入WTO后的新一轮谈判。加入WTO之前和之初，国内各个方面对WTO问题的关注度极高，表现出了过度的担心。我组织编写出版了WTO与中国农业方面的简明读本，在各个场合做了很多场报告。记忆特别深刻的是，为某军区五六百名将校军官讲了一个上午，为西南某省上千名农口干部讲了整整一天。作为农业部WTO新一轮农业谈判顾问，多次参与谈判问题讨论，并参加了在日内瓦举行的谈判会议。当时所做的关于加入WTO对我国农业可能影响的各种研究结论，基本上都为后来的实际情况所证明。当然，也有些情况，是当时没有预想到的。例如，我国大豆进口增长速度如此之快，以及我国农业补贴程度如此之高。有关WTO与我国农业的研究，获得了中国农村发展奖一等奖。

在研究WTO问题时，也必然要研究国外农业发展问题，尤其是欧美等发达国家的农业发展和农业政策问题。那一时期，欧盟和美国的农业政策，都发生了重大改变。当时的中央领导集体，高度重视WTO对农业的影响，2004年3月的中央政治局学习会，就选择了世界农业与我国农业发展为主题。我作为两位讲解人之一，进行了汇报讲解。从汇报之后领导们的讨论发言中，深刻感受到最高领导层对农业问题的高度重视。

在农业科技政策方面，我尽管深入研究不多，但是，对其重大意义和关键作用的认识，却一直是非常明确和牢固的。因此，在几乎所有的农业发展政策建议中，我都强调农业科研的公益性和长期性，呼吁加大农业科研投入。同时，也对农业技术推广问题，做过专门的调研，提出了一些改革建议。尤其是一再建议"集中人力、物力和财力，加强县级农业技术推广机构建设，使得县级机构成为对上联系上级科研推广部门，对下直接联系村干部、专业农户、龙头企业、各种农民专业合作组织与协会的枢纽和桥梁"。

研究农业科技，必然绕不开转基因问题。我国对转基因问题的空前关注，最初是由加入WTO和大豆贸易问题而引发的。我对转基因问题的关注，比较早。当时读了有关资料，也与研究转基因政策的哈佛大学教授做过讨论。在2000年就发表了转基因政策研究报告，指出，从国内资源情况和长远发展考虑，应当采取认可、允许和鼓励转基因作物生产的态度，提出了积极支持转基因研究的建议。

我当时没有想到的是，后来会回到中国农业大学当校长，会成为转基因争论的焦点人物之一。感到欣慰的是，作为农业经济政策研究人员，我对转基因问题的认识，从一开始，就处于正确的轨道上，始终没有偏离过。

以上方面的主要研究成果，2005年结集出版为《中国农业经济与政策》。

2008年1月底，我回校工作。离开了农研中心，离开了距离中南海只有几百米的砖塔胡同56号，离开了看遍世界的十年记忆，很是不舍，很是感慨。离职前的几天，是农研中心的春节联欢会，也成了我的告别会。我写了首诗，念给大家：砖塔胡同长，十年未思量。庭深客难入，楼高人皆梁。一海眼前看，九亿心中装。莫道从此远，夜夜入梦乡。

五

从2008年1月至2017年7月，十个年头间，我全职当校长——没有申请科研项目，也没有招收研究生，集中精力于大学管理与教育改革。有关高等教育的主要讲演与研究报告，2015年结集出版为《你的青春 我的白发》。

十年校长期间，尽管没有承担具体的"三农"研究项目，但对于"三农"发展和政策的关注，却是始终如一的。做过重点关注的问题，主要是两个：转基因问题和农业补贴政策。

对于转基因的争议，一直都有。只是，到了2014年年初，由于知名媒体人的介入，使得这种争论达到了白热化。那年两会期间，几乎见到我的每一个记者，都问转基因问题。担心被曲解，我都没有回答。政协会议有一个惯例，开幕大会之后，经济界和农业界开联席会议，总理也来参加。那年，我作为农业界代表之一，面对总理做了发言。作为农业大学校长，讲农业问题，必然要讲到农业科技。在当时的背景下，必然要讲转基因问题。我读过61位院士此前写给总理有关转基因问题的信，院士们讲了很多科学道理，只是，太专业了，外行难懂。我在发言中，归纳了五句话，说明转基因技术的重要性和转基因食品的安全性，都是生物学专业之外的事实情况。会议并没有对记者开放，但《农民日报》从农业部领导那里获悉后，就把我的发言稿要了去，编辑刊登了出来。后来，我在校内的两个场合，再次提了转基因问题；一次是全校学生代表大会，另一次是经管学院主办的农业发展论坛。我的用意是，希望农大的学生和老师们——尤其是非生物学专业的，对于转基因问题要有个基本的正确认识；否则，他们的言论，会误导社会。我在公开场合涉及到转基因问题的言论，仅限于此。这几句简短的转基因言论，影响之大，远远超出了我的预料。这应该是农大校长这顶帽子的作用。尤其是反转基因的人，后来发动了两波猛烈攻击，影响很大，波及到众多农大学生。我不得不两次在校园网上的校长信箱中，亲笔给学生写回信，主要是勉励引导学生，也顺便回应社会。我本来以为，在转基因问题上，我能说能做的，就这些了。孰料，2014年7月底，有官方媒体播出了关于湖北转基因大米的长篇报道。41分钟的节目，展示的是农民违规种植，经营者违规销售，政府不管不问，科学家利欲熏心，而没有一处谈到转基因稻谷是有安全证书的！我看了之后，吃惊之外，就是愤怒，对该节目的愤怒。很多话，如鲠在喉，不吐不快。于是，立刻写了篇6000多字的内部报告，题为《转基因政策：当断不断，反受其乱》。报告提出了六条建议，最后一条是"组织科普专家，对中央媒体人员进行转基因科普培训。也有必要加强对他们的新闻职业道德和社会责任感教育。"报告很快得到了上级领导的批示。10月份，看到媒体报道，"全球转基因农作物发展现状和未来展望国际研讨会举办期间，全国媒体记者转基因报道研修班同期开班，包括新华社、中央电视台、人民日报、光明日报、人民网在内的50余家媒体记者集中研讨了科学新闻和转基因报道的话题"。从那时以后，转基因方面，没有再看到官媒的误报误导。

　　农业补贴问题，一直是我关注的重点问题。这也是欧盟和美国农业政策中的焦点。欧美农业政策，经过了长期的演变，也是简单问题复杂化，叠床架屋。尤其是美国，每隔五六年，就来个新的农业法案，好几百页。法案中的很多表述，仅仅是对很多年前的某个法案条款的修改部分，而不是修改后的全文。因此，如果不了解以往的政策，读起来很费力气，很难读懂。欧盟的农业政策，也是类似。这样，我国在学习借鉴欧美经验方面，就容易发生两类问题：一是借鉴不够，它们已经走过的老路，发现不行，我们还要去重走一遍；二是借鉴不准，它们现在使用的方法，大思路听起来很好，但在操作层面的条件要求，我国缺乏。前者如后期的粮食保护价政策，后者如棉花的目标价格政策。细节决定成败，这两项政策，也是如此。保护价政策本身不一定是问题，但保护价定得太高，就出问题了；目标价格的思路不是问题，但农户数量巨大，规模小，操作上就有问题，同时还有财政支出大增的问题。我对农业补贴问题的主要建议，是桥归桥，路归路，让供求关系决定市场价格，按土地面积给农民直接补贴。这方面的观点，除了通过政协会议讨论、接受采访、政协提案等渠道提出之外，还在2016年政协大会交流发言中提出，更是在 2017 年的政协双周座谈会上，做了全面阐述和建议。

其实，十年大学校长期间，所驻守的，依然是"三农"战线，这是中国农业大学的办学目标和使命所在。所变化了的，只是工作方式。当农研中心主任，主要任务是给上级部门领导提建议，最大的满足感，是建议被上级部门认可和采纳；当校长，主要任务是给自己提建议和听别人的建议，最大的满足感，是把自己想明白了的好建议付诸实施，得到大家的认可和满意，取得好效果——老师们取得优异成果，学生们蓬勃成长，学校声誉显著提升……

2017 年 5 月过生日前夕，对时光流逝之快，对农大工作十年，有些感慨，便写了首诗。事后想来，冥冥之中，提前两个月，就做了自我总结：受命临场奥运年，燃情岁月未思难。栽花种树沐风雨，易旧布新尝苦甜。常念稼穑成饱暖，最思仕儒出平寒。但留桃李满天下，功尽一流任人言。在 2017 年 7 月 17 日下午的任免大会上，我讲话的第一句就是：预期中的这一天，终于到来。此刻，我怀着满足与感恩的心情，站在这里……

更让我深感满足与感恩的，是那几天潮水般涌来的各方问候。有老师说"听你那么坦然淡定的，面带笑意的讲话，为什么会忍不住泪流满面"，有学生说"柯帅，请再让我们喊一声校长好"……

有人说，人生的幸运，在于能在合适的时间，去做合适的事。回首 40 年，我很幸运。

六

交出了校长办公室的钥匙，也就交出了所有的校务琐事。新的生活模式开启，主要是回归"三农"研究。

以前没时间出席的各种"三农"论坛会议，现在可以出席了；以前没时间进行的农村调研活动，现在可以进行了；以前没时间深入思考的问题，现在可以细细琢磨了；以前没有时间写下的想法，现在有时间坐在电脑前了……

这时，问题出来了：写什么？写给谁？发在哪？我非常感谢在农口媒体工作的几位老朋友，中国农业电影电视中心主任赵泽琨，农民日报社社长唐园结，中国农业出版社社长孙林等，帮我出谋划策，给我鼓励支持。最后，在唐园结社长的高度信任和大力支持下，《农民日报》决定设立专栏，发我写的短文。我提了几个专栏题目，最后确定为"三农思语"。在《农民日报》，这是首开先例，是我的殊荣。2017年8月9日，刊登出了第一篇。2017年每周两篇，到年底，共刊登了30篇。2018年停了4个月后续写，每周一篇，共刊登了20篇。农民日报在纸媒上刊登的同时，也在公众号"重农评"上推出。

可能是有些特色，头几篇的反响就不错。我本来的意思，是带有点科普性质的，尤其是针对网络微信上流传的误解和偏见；但出乎预料，首先引起热烈反馈的，是"三农"圈内的同仁和朋友。只写了十几篇时，就有朋友建议可结集出版；后来，出版社的同志也正式联系。再后来，在唐园结和孙林两位社长的大力支持下，本书得以正式出版。对两位领导的支持，致以深深感谢！

本书在前期作为专栏文章刊登过程中和后期结集出书过程中，《农民日报》评论部主任施维同志、中国农业出版社农经分社社长赵刚同志，进行了精心审定和编辑。他们极为认真严谨，一丝不苟，从核实数据，到推敲文字，以及在版面设计出版等方面，表现出了

三农思语

高度的负责态度和专业水平。谨此向他们表示最衷心的感谢！

　　四十年前，一代伟人邓小平大力推动改革开放，果断决策恢复高考。改革开放，改变了我们国家的命运，国家获得巨大的发展；恢复高考，改变了我个人的命运，个人获得了全新的人生。对此，我怀着无以言表的深深感恩。仅以此书，纪念改革开放 40 周年，纪念恢复高考 77 级入学 40 周年。

柯炳生

2018 年 9 月 25 日

目 录

致读者

我与三农研究

1. 什么是三农问题 ·· 1

2. 吃饭问题是什么问题 ·· 3

3. 食品安全怎么看 ·· 5

4. 转基因问题为什么纠缠不清 ···································· 8

5. 土地为什么要三权分置 ·· 10

6. 农业发展的最大挑战是什么 ·································· 13

7. 我国未来农业会是什么样 ···································· 16

8. 农产品需求有哪些特殊性 ···································· 19

9. 农产品生产有哪些特殊性 ···································· 22

10. 农产品价格为什么大起大落 ································ 25

11. 如何看待粮食安全问题 ·· 28

12. 如何看待我国的农产品贸易 ································ 31

13. 粮食领域要不要市场机制 ···································· 34

14. 市场机制下政府干什么 ·· 37

15. 农业补贴是怎么回事 ·· 40

16. 美国农业补贴的特点是什么 ································ 44

17. 欧盟农业补贴的特点是什么 ································ 48

18. 我国粮棉价格补贴困境何在 ………………………………… 51

19. 我国粮棉价格政策如何改革 ………………………………… 55

20. 如何才能让农民收入持续增长 ……………………………… 59

21. 精准扶贫中的中国力量何在 ………………………………… 63

22. 农业农村进入新时代的重大变化有哪些 …………………… 67

23. 农业农村优先发展的动力是什么 …………………………… 71

24. 农业如何落实绿色发展理念 ………………………………… 75

25. 如何推进美丽乡村建设 ……………………………………… 79

26. 农业科研的特点是什么 ……………………………………… 83

27. 农业技术推广的发展方向何在 ……………………………… 86

28. 涉农人才为什么供不应求 …………………………………… 90

29. 农业院校面临的主要挑战是什么 …………………………… 93

30. 新时代农业高校的使命与前景何在 ………………………… 97

31. 如何准确理解小岗村的"金蛋" …………………………… 101

32. 宅基地难题如何破解 ………………………………………… 105

33. 如何理解产业兴旺的重大意义 ……………………………… 109

34. 如何理解大市场的"大" …………………………………… 113

35. 如何理解小农户的"小" …………………………………… 117

36. 新型合作社的重要作用有哪些 ……………………………… 120

37. 农村专业技术协会的重要作用何在 ………………………… 124

38. 一二三产业融合的意义是什么 ……………………………… 128

39. 农村"三变"改革可以解决哪些问题 ……………………… 131

40. 如何看待企业在乡村振兴中的作用 ………………………… 135

41. 推行订单农业最关键的是什么 ……………………………… 139

42. "粮食银行"是怎样一种创新 ……………………………… 142

43. 如何制定和实施乡村产业发展规划 ………………………… 146

三农思法

44. 如何认识中美贸易战中的大豆问题 ·············· 150

45. 我国粮食需求的变化趋势是什么 ·············· 154

46. 怎样才能够做到藏粮于地 ·············· 157

47. 如何打造农产品区域公用品牌 ·············· 161

48. 乡村振兴中畜牧业发展前景如何 ·············· 165

49. 如何看待和制定乡村居住建设规划 ·············· 169

50. 如何理解乡村振兴中的人才振兴 ·············· 173

三农思语

1. 什么是三农问题

　　连续了 14 年的中央一号文件，让三农问题成为国民话题。于是，在很多场合，经常有人问我：如何解决三农问题？

　　这是个好问题，显示了一号文件的效果，让全民关注起三农问题；这也是个"坏"问题，因为，我无法回答。

　　通常我会反问："什么是三农问题？""就是农业、农村、农民问题啊。""农业的什么问题？农村的什么问题？农民的什么问题？"……通常到这里，对话就止住了。

　　三农问题，不是一个问题，而是一大堆问题；既彼此纠缠，又非常不同。原因不同，性质不同，解决的路径和措施，更是复杂不同。提问者期待能用几句话，三两分钟，就说清楚。这哪里可能，否则，还需要连续发 14 个中央一号文件？

　　三农问题内容繁多复杂，不过，还是可以分出类别和层次的。其中最重要的，可以概括为六个方面。

　　农业问题，是发展农业所要解决的问题，主要是两个方面：农产品的供给数量和农产品质量（包括质量安全）。农村问题，是农村中存在的问题，主要也包括两个方面：农村的社会公共服务（基础设施与社会事业）和生态环境保护问题。农民问题，是与农民利益直接相关的问题，同样可以归纳为两个方面：农民的经济收入和各种社会权利。把这些问题解决好了，三农问题就大体上解决好了。

　　有不少人，包括一些有名的学者，认为我国的三农问题越来越突出。理由很简单：国家越重视的，问题就越突出；都连着发了 14 个中央一号文件了，问题还不严重?!

这是错的！我国三农的所有主要方面，都比改革开放前，比起一二十年前，有了巨大的进步。对此，有足够的公认数据和事实。一个小例子：我念研究生时，导师说每天可以喝到一瓶啤酒了，表情无比满足！现在，农民工也不会用这个当吃喝标准吧？

那么，为什么还连着发一号文件呢？最重要的原因，是因为三农问题实在太重要了，影响到整个国家发展和稳定的全局。粮食短缺了，出现禽流感了，影响到谁？是全社会的人；农村生态出了问题，城市同样难逃其害；农民利益保护不好，城市社会也难以稳定。全面小康和现代化的实现，都离不开解决三农问题这个基础。很多部门、很多地方、很多有话语权的专家，认识上都不怎么到位，所以，国家要发一号文件，加以突出强调！

同时，按照这种定位要求，三农还有很大不足。具体说，目前的三农问题，具有突出的相对性、局部性和发展性特点。相对性，是指城市发展太快了，现代化要求提高很快，三农跟不上；局部性，是指总体改善了，但东中西部发展很不平衡，区域内部也不平衡；发展性，是指有些问题，是在改革发展进程中出现的，需要深化改革来解决。例如，改革开放前，城乡壁垒森严，没有农民工，也就没有农民工问题。解决现存的各种农民工问题，要靠新型城市化改革，而不是把农民工赶回农村去。

由于有相对性、局部性、发展性，三农问题会长期存在。将来，即便三农问题不再列入中央一号文件了，其重大意义也不会变。三农问题大获解决之时，就是全面实现现代化之日。

2. 吃饭问题是什么问题

中国农业大学的食堂，近年来享誉京城高校，以至于我当年的大学同学也听说了，并送我一个美称：中国食堂大学校长。

其实，食堂办得好，与农大的专业并没有直接关系。不过，这个调侃性称呼，还真有些道理：中国农业大学，就是为了解决吃饭问题而建而发展的大学。吃饭问题很重要，吃饭问题不简单。

现如今，吃饭问题，早就超过填饱肚子阶段了，已经有五个层次了：吃得饱，吃得好，吃得安全，吃得健康，吃得愉悦。

吃得饱，是数量问题。在我国，是个千百年的老问题，历史上的朝代更迭，大都与此有关。现在已经退休的人，都知道天天饿肚子是什么感觉，有的还知道吃糠吃树皮的滋味。我上大学的时候，食堂吃饭是要粮票的。发粮票，就是限定数量。男生的定额不够，就到女生那里去讨要。讲这些给"90后"的孩子们听，他们会很好奇。这就是改革开放的成果，是我国农业巨大进步的表现。想想几十年来人口的大量增加和农业土地的大量减少，就知道这个成果的取得，何其不易。

吃得好，是质量问题。能够基本吃饱之后，质量问题就凸显出来了。我上大学时的愿望，就是发的粮票中，能够全是细粮，没有粗粮；别的方面，想都想不到。印象中当时的副食品商店，柜台里边，长长的一排，全是一种罐头。现在各种农产品的品类极大丰富，品味等方面的质量极大提高，同改革开放之前和初期相比，已经恍如隔世。对于一个社会来说，吃得好的问题，取决于生产；对于一个消费者来说，吃得好的问题，取决于工资单。二者相互制约。

吃得安全，是食品安全性问题。吃饱了和吃好了之后，就对食品安全问题，更加敏感，更加关切。这是一个复杂的问题，涉及的因素很多。这里只想指出：保证食品安全的主体责任，是生产者。生产者需要有"两心"：良心和畏惧心。良心很重要，但仅靠良心靠不住，更管用的是畏惧心。畏惧心何来？要靠严密监管，靠严厉惩罚。造假者都有侥幸心理，利令智昏。因此，惩罚一定要严厉，让每一个造假者都倾家荡产，血本无归，直至送进铁窗。科学家也有责任，要研发出高效的监管技术。例如，三聚氰胺牛奶，已经可以绝迹了，因为现在已经有检测利器，一两分钟，几块钱，结果立现。哪个还敢再造假？至于消费者自身，其实是很无力的；消费者所能做的，至多是选择厂家品牌。也许，新兴的网络平台直销，会大大改善食品安全保障，因为有可追溯性。

吃得健康，是一个更高层面的吃饭问题，是饮食习惯是否科学的问题。前三个层面的吃饭问题，主要与生产者相关，而吃得健康问题，主要与消费者自身有关。随着社会发展，饮食不健康问题日益突出。从实际后果看，吃得不健康问题，是常见的，普遍的，大量的，远远超过个案性质的食品质量安全问题。但人们对吃得健康问题的关注，却非常不够。对自身消费偏好的约束和改变，需要很强大的决心和毅力。

吃得愉悦，是一个吃饭问题的新领域，是吃饭方面的增值服务，与吃的方式和环境有关。方便食品和外卖，属于便利服务；在外就餐和旅游就餐，属于特色和环境方面的增值服务。同样的吃，同样的喝，不同的方式、地点和环境，愉悦感觉很不相同。这是一个方兴未艾、需求膨胀的新领域，从高收入阶层，快速扩散到大众。

解决吃饭问题，就是解决以上5个方面的问题。挑战很大，潜力很大，商机也很大。看你站在哪个角度看了。

3. 食品安全怎么看

一次，出差坐飞机，邻座上来一位名人。得知我的身份后，开口就问：您说，现在吃的东西，还有什么是安全的？我一时语塞。然后反问他，有微信，看朋友圈吧？得到肯定答复后，我说，那您什么也不能吃！

不过，如果你拿着手机，到任何一个超市中去，要找出朋友圈中说的问题产品，可能一样也找不到。

这就是我国食品安全问题的现状。问题事件，是个案，是偶发的；但是影响，却是全面的，持久的，不断重复——在网络上和朋友圈中，是以光的速度，以几何级数，增长扩散……同时传播的，还有大量的谣言。

毋庸讳言，食品安全问题一直存在，但现在的情况，比起以前，已经大大好转。一个基本事实是：一些毒性大的农药，原来是可以随便使用的，而近年来已经被禁止。例如，去年某地个别农民种植韭菜用了甲胺磷，舆论哗然。其实，该农药被禁止使用，是 2006 年的事；那以前，农民一直在使用。

随着对食品安全的要求越来越高，科学检测的手段日益先进，国家的管理和监控，这些年来不断强化。原来不作为问题的，现在列为问题了；原来没有发现的，现在发现了。

三聚氰胺牛奶事件，是个分界点。那以后，人们对食品安全问题，变得极为敏感。

一些媒体的误报和误导，加剧了老百姓的恐慌心理。误报，就是传播谣言，例如人造鸡蛋、棉花肉松、塑料大米、香蕉致癌、草莓致癌、防腐剂西瓜等等。一份影响力很大的刊物，也转载过谣言，说反季节作物、彩色辣椒、圣女果、甜玉米等都是转基因的。

媒体也有过误导：报道的是真相，但不是全部真相。例如，有媒体报道说，某葡萄酒检测出农药残留，该农药有导致肝癌的风险。而没有报道的是，该残留含量极低，仅为欧盟限量标准的几十分之一。2014年某电视台做了湖北转基因大米的报道，41分钟的节目中，展现的都是违规种植和销售，而没有提一句安全性问题。那个新闻频道节目在采访过程中，应该知道那些转基因大米是已经获得了安全证书的。那为什么不告诉观众？我不好妄测原因，但有一点是肯定的，如果说了几十分之一和有安全证书，看电视的可能就换台了。

有时，有关政府部门人员的表达不当，也会产生误导。记得几年前，针对牛奶事件，有关部门的官员说，我国99%的牛奶都是合格的，安全的。这样说，本意是要安抚人心，而效果却适得其反。因为，他没有说清楚，那不合格的1%在哪里，是1%的企业？还是所有企业产品的1%？更没有说清楚那1%的产品，存在什么问题？如何甄别？

饭桌上，人们常问我的另一个问题，是关于有机食品。几乎所有人的潜意识中，都认为有机食品的安全性最高。这是误解。实际情况可能刚好相反。因为，有机食品不是质量标准，而是生产方式标准，是不使用化学品而已。科学使用化学品，并不会造成安全问题，而不使用农药等，却有可能造成虫害污染并导发黄曲霉素，那是可能致癌的。自然状态下散养的鸡就安全吗？有禽流感的，都是散养卖到活禽市场上的。迄今为止，没有任何证据表明，有机产品比常规产品更安全。

食品安全问题，尽管属于偶发事件、个案问题，直接影响不大，但波及影响很大，尤其是对社会心理影响非常之大。发生了食品安全事件，首当其冲的受害者是消费者。但同样不可忽视的是，无辜的生产者同行也跟着倒大霉，发生巨额损失。三聚氰胺牛奶事件对全国奶业的损害，禽流感对整个家禽业的损害，都是极其巨大的。

因此，对于造成食品安全事件的个别害群之马，一定要严惩不贷，绳之以法，零容忍。

4. 转基因问题为什么纠缠不清

几年前，一个学生给学校的校长信箱写信，对转基因表示疑虑，问学校食堂是否有转基因食品。我立刻联想到多年前农业部幼儿园"食用油采用非转基因油"传言的风波，担心后勤部门回答不准确，引起新的流言，于是就请了生物和食品专业的教授做了回复。果然，社会上有人关注到了，在网络上发表了评论，称这是中国农大对转基因问题的官方态度。

转基因问题，近几年受到了社会的极高关注。对我而言，几乎是如影相随，在各种场合都有人问我的看法，包括会议餐桌、私人聚会、出差飞机、政协会议等。甚至我作有关大学教育改革的报告，互动环节中也有人提转基因问题。我时任农大校长的身份，是主要原因；即使我不是生物学家，也必须要回答这个问题。

不过，从农业政策的角度，我开始关注转基因问题，也确实比较早；在2000年就发表了转基因政策研究报告，提出了积极支持转基因研究的建议。当时读了有关资料，也与哈佛大学教授做过讨论。认识到，根据国际经验，转基因食品是安全的，使用转基因技术，能够节省农药投入，保护环境，节省成本，增加农民收入。

现在，转基因作物在全世界大规模种植，已经超过20年了。国内外科学家群体、食品与健康方面的权威机构，都一直坚持上述看法。

普通老百姓对转基因问题有疑虑，有担心，是正常现象。转基因的科普工作太难了，生物学方面的那些科学道理，那么艰涩，老百姓如何听得懂。而那些转基因有害的谣言，却通俗易懂。要说清楚 Bt 基因能够杀死虫子而对人体无害，需要说很多令人"晕菜"的专业术语；而说能杀虫子就能杀人，只需要一个比喻：敌敌畏能够杀蚊虫和老鼠，你敢说对人体无害？喝一瓶试试？

我们的生活中，充满了各种科学技术，普通老百姓要都弄清楚了才去用，是根本不可能的。老百姓只能相信科学家，相信行业专家。普通人去医院看病，医生给开了若干副药，病人通常会老老实实服用，而不会去问药品的生物化学药理知识。这里边暗含着对医生的信任，包括两个方面的信任：第一，医生不会故意谋害你；第二，医生的专业知识是对的。

在转基因问题上，很多人却不肯相信科学家。反转基因的人说，科学家被利益集团收买了。无论这种说法如何荒唐，却很合乎我国老百姓的心理：贪官被利益集团收买了，就出现了豆腐渣工程；科学家被利益集团收买了，自然也可以弄出坏东西来。

即便，退一万步，做一个完全不可能的假设，全世界的转基因技术专家都被利益集团收买了，那也还有政府呢！现在市场上出售的转基因食品，哪一种没有经过政府的严格审查，没有安全证书？反转基因者的解释也很简单：政府，也统统被利益集团收买了！包括美国政府，也包括中国政府。于是，转基因被说成了利益集团的一个天大的阴谋。这个转基因的阴谋论，不需要任何事实和逻辑依据，却迷惑了很多人。对了，最早的版本，还说美国人不吃转基因，专门种了谋害中国人的；后来不说这个了，因为要维持这个谎言，难度实在太大了。

近几年，中国人对转基因问题的认识，已经有了很大进步。越来越多的人，能够理性地正确地对待这个问题。科普很重要，科普专家们还要继续努力；科研更重要，科学家们要加倍努力，按照习近平总书记的要求，"要大胆研究创新，占领转基因技术制高点"。而普通老百姓，只需要对科学家群体和政府部门，多一些最基本的信任。

5. 土地为什么要三权分置

几百年前，一位外国经济学家说：土地是财富之母……

几十年前，一位中国诗人说：为什么我的眼里常含泪水？因为我对这土地爱得深沉……

两个人说的都是土地的重要性，一个是从经济上，一个是从情感上。而对于靠土地谋生的农民来说，土地就是命根子。

从90年前的"打土豪，分田地"，到70年前的土地改革，到40年前的农村改革，核心都是土地。这说明，土地不仅仅是农民的命根子，更是整个国家发展与稳定的基础。

土地问题的核心是制度安排，是所有制问题。有关土地制度的文章汗牛充栋，讨论和争论的核心，是私有制和公有制哪个更好。在理论和学术上，可以不断争论下去，但是，对于决策者来说，无法等待，只能选择。这种选择，也是一个试错的过程。这种选择，也没有标准答案，不同的国情等具体情况下，最佳选择不同。对理论理解得越透彻，对实践了解得越深入，得出的结论就越科学，选择就越可行。

对于我国农村土地政策，我自己的认识，有一个发展和变化的过程。开始时是一种想法，然后有过摇摆，最后坚定了一种观点：三权分置的土地制度安排，是最适于我国情况的选择。

这要从农村土地的功能说起。农村土地的功能很多，有上述诗人表达出来的情感功能，有环境生态功能，等等，而最为基本的功能，是上述经济学家所说的功能，即生产资料功能。在美国、巴西这样的大规模农业生产国家中，尤其如此。而在农业小规模经营的国家中，尤其是在我国，在城乡制度差别仍然存在的情况下，土地还有另外一项基本功能：社会保障。

这种社会保障功能，事关重大。我国有 2 亿多农民工，他们在城市中打工，却没有真正融入城市社会，尤其是在社会保障方面。因此，当遭遇失业时，他们只能返回农村，而农村的那块承包地，就是他们最后的生存保障，一种托底性质的社会保障。

近年来，我国农业现代化进程很快，扩大土地经营规模，成为必需。这时，土地的生产资料功能和社会保障功能，就出现了冲突：生产资料功能要求流转，而社会保障功能则要求稳定。如何协调处理好这两种功能，就需要进行制度创新。土地的三权分置，提供了一种很好的解决方案，即把土地产权关系划分为所有权、承包权、经营权；所有权归集体，承包权归农户，经营权归具体的使用者。实际上，就是把原来的承包经营权，明确拆分为承包权和经营权。

集体所有权。我认为，有两方面重大意义。一是体现社会主义公有制性质，这是社会制度要求；二是更好地进行用途管制，保护土地，不让土地被滥用或转为非农地。在我国，如果实行私有制，则农村土地用途管制会很难，会出大问题。就像很多城市小区中的私搭乱建，一旦失控，法不责众，后果就不可收拾。另外，公共设施建设用地的征用，也将变得更为困难。

农户承包权。这是农村集体组织成员权益的体现，为农户提供托底性的社会保障。农户承包权，应该永久不变。只要农户没有纳入城市社会保障体系，就不能被以任何方式剥夺承包权。否则，就会出现土地兼并，出现拉美国家的城市贫民窟和社会动荡问题。有人主张可用承包权做信贷抵押，这是直接破坏土地的社会保障功能，无异于杀鸡取卵。放开了这一点，就等于放开了土地兼并，为城市贫民窟提供人口。解决农民贷款难问题，有别的更好的办法。

经营权。这是承包权的价值体现。获得承包权的农户，具有初始经营权。行使这项经营权，可以自己种地，获得经营收入；也可以转让出去，获得地租收入，同时保留承包权，即保留收回经营权的权利。打个比方，就像城里人的产权房，既可以自己住，也可以出租给别人住；出租之后，也是保留着收回来自己住的权利。把经营权与承包权拆分开来，更有利于打消农户转出经营权的疑虑，更有利于那些真心想做大做强农业的人，取得更多的经营土地，推动农业现代化。美国和欧盟的大农场，大都也是租地经营的。

我觉得，从本质属性看，经营权可以称为"农业经营权"。因为，无论谁持有经营权，无论是承包农户自己，还是转给其他人或者企业，都是只有从事农业生产的权利，而不是别的。不少投资者眼睛盯着这项经营权，看到的不仅仅是庄稼、蔬菜和果树，还有各种各样的房子……如果明确命名为"农业经营权"，可直接断了投资者的非分之想，便于更严格地管理土地使用，更好地保护农业用地。

简言之，实行农村土地集体所有权、农户承包权、农业经营权三权分置，可以更好地协调、保护和促进公共利益、农户利益和农业产业发展。

6. 农业发展的最大挑战是什么

我国目前和未来农业的发展，面临着很多问题，很多挑战。从国家的角度看，农业发展的最大挑战是什么？我觉得，可以用一句话加以概括：如何用越来越少的土地、越来越少的水资源、越来越少并且越来越贵的劳动力，生产出更多、更好、更安全的农产品。

这是一架天平的两端：一端是"越"字，是供给侧；另一端是"更"字，是需求侧。如何让这架天平保持平衡，是对国家的挑战。

先看需求侧。需求方面，是要实现的目标，是刚性的，没有太多好商量的余地。现在天天讲供给侧结构性改革，从来不说需求侧结构性改革，就是这个道理；需求侧，无法改。

更多的农产品。一是人口不断增加。全面开放"二孩"政策，注入了人口增加的新动力。去年净增加了809万人，今后会更多。二是收入水平不断增加。这意味着更多的消费需求，也包括更多的浪费。三是城镇人口比例上升。城镇人口每年增加2 000多万人。人均算账，城里人吃的，包括城市里的农民工，比农村人多。四是工业化发展，需要消耗更多农产品原料。

更好的农产品。吃饱了之后，就要求吃得更好。主要是口感和观感，也有其他方面的更高要求。在生产技术不变的情况下，更好，意味着更少。口感好的水稻，往往单产较低；土猪笨鸡的味道更好，是因为多喂养了很多天，用的饲料多，产出肉量少。

更安全的农产品。这意味着要用更安全的农药等，也意味着成本更高。有成本更低也安全的办法，例如转基因技术，但是反对的声音不少。即便没有反对声音，想研发出抗性好的转基因食品，也远远没那么容易。

再看供给侧，这是应对挑战的着眼点和着力点，是必须要采取各种对策克服的困难点。

越来越少的土地。城市化和现代化必然要占地。仅近 5 年全国被占用的耕地数量，就超过京津沪现有耕地总量，接近福建省耕地总面积，或海南省全部耕地的 2 倍。未来，城里的房子，还要继续盖；高速公路和高速铁路，也要继续建……因此，土地的减少，也将继续。控制得当，也许会少减一点。

越来越少的水资源。看看华北平原就知道了。种出一千克小麦要一吨水；现在华北农业要靠地下水灌溉，深度已经达到几百米了。很多地方地下水位还在逐年下降，多的每年下降一米以上。将来，可能不是有没有种小麦的水，而是有没有城乡居民喝的水和其他产业用的水。其他地方也各有不同的水资源问题，西北地区最为突出。

劳动力问题。越来越多的农村青壮年外出打工，谁来种地，不再是一个虚拟问题。与此同时，农村劳动力越来越贵。

"十二五"期间，进城农民工收入平均每年增长 12.7%。农民工收入大幅增加，拉动了农业劳动力成本大幅上涨。广西甘蔗人工收割成本已经占食糖价格的 30% 左右，新疆人工采棉成本占棉花价格的 40% 左右。更重要的是：劳动力成本增加是刚性的，只能升，很难降。

以上 6 个方面，都很明确。也许，天平的倾斜现在还不很明显。但是，如果放任自流，需求端一天天重下去，供给端一天天飘起来，结果不难想象。应对这个挑战，需要努力，需要奇迹。奇迹的发生，在于创新，包括政策创新、科技创新、组织创新等。从国家决策的角度看，需要居安思危，未雨绸缪：农业生产能力的提高，无法靠加班加点，不能靠临渴掘井，功夫一定要做到前面。重在完善体制机制，加强基础设施建设，加大农业科技投入。

与此同时，这个对国家的重大挑战，对所有涉农产业从业者来说，都是重大机遇和重大商机。这种机遇和商机，既存在于需求侧，更存在于供给侧。只要能通过技术创新、组织创新、业态创新等，为国家解决上述挑战做出贡献，则功莫大焉，利莫大焉。

三农思语

7. 我国未来农业会是什么样

经济学家常常被人拿来开心解闷，各种段子比比皆是。有一个是这样的。问：上帝为何创造经济学家？答：因为有经济学家的话，天气预报便显得准确多了！

准确地预测未来我国农业的发展趋势，确实是件困难事，但也是件很重要和很必要的事。对国家宏观决策如此，对投身农业的企业和从业者也是如此。

对于我国农业未来的发展模式，有很多争论。有人说美国模式，有人说欧洲模式，有人说以色列模式。也有人说，没有别的模式，就是中国模式。我想说，是所有的模式。也就是说，在中国，会有所有的这些模式：中国区域差别极大，不同地区，适合不同模式。关键词是：区域。依区域不同，形态不同。

第一种形态：规模化大田种植业。主要区域在东北、西北、华北和长江中下游等地区，共同特征是连片的平原，适于大规模的机械化作业。东部地区主要产品是玉米、水稻和小麦，西北地区主要是棉花。主要推动力有三个：一是劳动力成本刚性增长，越来越需要用机械替代人力；二是工业化发展，让机械变得更好更便宜；三是土地三权分置，大大有利于土地流转，实现各种形式的规模经营。美国农场使用的最大马力的拖拉机，现在已经可以在东北建三江平原看到，将来也会出现在其他平原地区。

第二种形态：现代设施园艺业。主要区域在东部发达地区和城市郊区。其技术特征是综合性与集成性的，包括优质高产品种、土肥植保技术、栽培模式（水培、立体等）技术、温控技术、病虫害防治技术等。产品类别是：大量蔬菜，少量水果，个别花卉。设施园艺业有很多优点：同一块土地，产出率高出几倍；受天气影响小，可以"搞乱季节"；整个生产流程可控，产品质量、规格和安全性更好。收益情况，应该普遍很好，远远高于大田；证据是，近年来扩张速度很快，设施升级很快。去荷兰的飞机降落前，满眼都是大片的现代化温室。这种景象，也正在我国东部大城市郊区出现。

第三种形态：集约养殖业。这涉及到猪禽牛羊和水产养殖。同设施园艺业类似，集约化的养殖业，也是一系列技术的综合和集成，包括畜禽水产品种、饲料技术、养殖设施、环境控制、疾病控制等。对丰富我国人民的餐桌和饭碗，养殖业贡献巨大，却鲜受表扬。倒是时不时地听到一些抱怨，说40～50天的鸡，四五个月的猪，长得太快了，味道不地道了。想想看，当年每人每月只有半斤肉票时，那肉吃起来自然美味无比。集约养殖业的发展，让肉蛋奶鱼从节假日才能品尝一下的奢侈品，变成老百姓的家常菜。集约养殖业的发展，也让农村院落变得干净起来，不再有猪叫鸡飞蝇舞。

第四种形态：现代林果业与土特种养业。我国山区丘陵区面积很大，这些地区，地块零散，难以实行大规模机械化；同时，传统的大田种植也不利于保护生态环境。这些地方，往往最适合发展林果业、野菜药材等土特产品种植业、土鸡山蛙等特种养殖业。这些产业往往耗费较多劳动，但产出的附加值很高。在现代物流业和加工业的支持下，能够很好地实现经济发展与生态保护的双赢。有的，还可以与乡村旅游度假休闲结合起来。

第五种形态：乡村旅游度假业。30多年前，我在德国留学时，第一次听说了乡村旅游度假，觉得像天方夜谭，不可思议。当时无论如何也想象不到，那时候破破烂烂的中国农村，今天会有如此的发展；乡村旅游度假，从若干年前的星星之火，现在已成燎原之势。城市化的快速发展，让城市人日益思乡；农村基础设施的改善，让乡村变得更有魅力。在绿水青山变成金山银山的过程中，城市人得到愉悦，农村人得到收入，农耕文化传统得到承续。

以上各种发展形态，正处于不断形成、完善和壮大的过程中。通过各种创新，包括政策创新、科技创新、组织创新、业态创新等，会大大加快这个进程。当以上五种农业发展形态，都达到世界最好水平，至少达到或接近发达国家的现有水平，我国三农"强、富、美"的宏伟蓝图和梦想，就指日可待了。

8. 农产品需求有哪些特殊性

有关经济学家的经典段子，还有这样一个：你只要教会鹦鹉说"需求"与"供给"，那么这个世界就会多一位经济学家。

其实，"需求"与"供给"的极端重要性，绝不仅仅是对经济学家。政府决策者和生产决策者，也同样迫切需要弄懂"需求"与"供给"。不弄清楚农产品的需求规律和供给规律，政府决策者就会决策失误，生产决策者就会蒙受损失。

这里先讲需求。所有影响需求的那些通常因素，如价格和收入，都适用于农产品或食品。例如，"双十一"购物狂欢节降价促销时，服装销售量大增，食品销售量也大增；农民进城务工后增加了收入，不仅会换更好的手机，也会吃更多的肉，喝更多的酒。除了这些一般性的规律之外，农产品需求还有一些特殊规律。

首先是食品需求的刚性，也就是食品的需求弹性很小。例如，如果你的正常饭量是一碗米饭，那么，米饭从 2 元钱一碗降低到 1 元钱一碗，你也不会吃两碗；反之，米饭从 2 元钱一碗涨到 4 元钱一碗，你也不会只吃半碗。爱吃米饭的南方人，也不会因为这个月大米价格上涨了 5 毛钱，就改吃面食。你做菜放油，也不会因为食用油降价了，就多放点；或者涨价了，就少放点，等等。购物狂欢节促销多卖的服装，可能是真正的需求增加，因为，如果不降价，很多人当时不会买，过后也不会买；而当天多卖出的大米和食用油，并不是真正的需求增加，不过是购买时间的变化，把原本计划在后几个月买的东西，提前到那一天来买；或者，是增加了对某些商家产品的购买，而减少了对别的商家产品的购买。

第二是食品消费的持续性。俗话说，人是铁，饭是钢，一顿不吃饿得慌。每天不光要吃大米白面，也要吃水果蔬菜，要吃肉禽蛋奶……大米白面可以按月甚至按年一次性购买，但水果蔬菜和肉禽蛋奶不行，保鲜困难，需要每天购买；即便有冰箱冰柜，也至少要按周购买。食品消费的这种持续性，或者叫不可间断性，对于市场供给和价格，关系重大。

第三是食品的可替代性。通常说来，主食的可替代性较低，副食类的可替代性较强，同类产品的可替代性更强。例如，不管冬天夏天，无论价格高点低点，愿吃米饭的人总买大米，愿吃面食的人总买面食或面粉；而在购买水果或蔬菜时，则会更注意价格标签，然后才决定是否放到购物车中（土豪当然除外）。人们通常多买旺季的蔬菜，少买淡季的蔬菜。这就是替代效应。同一种产品，不同品种或品牌之间的替代性就更强了。

以上这些，是食品需求的一般性规律。此外，对于不同的消费者个体来说，具体的食品消费结构特点，也各有不同。主要因素是两个：收入高低和个人偏好。

根据统计数据，在城镇人口中，收入最高端的10％的人口，每年人均食品消费支出超过1万元，而收入最低端的10％的人口，其相应数据仅为3 300多元。这种两倍之大的货币支出差距，主要不是数量的差距，而是结构的不同，是食品消费品类和质量的不同。高收入人口的高支出，应该是高价和高附加值产品消费多的体现。高收入人群在进行食品购买时，考虑更多的是个人喜好，受价格影响要小得多。低收入人群则反之。这是因为，两个群体之间的收入差别更大，将近7倍，远远大于食品支出的差别。上述高收入人口尽管食品支出额要高得多，但占其收入的比例只有 16%，而低收入人口的食品支出额尽管少得多，但占收入比例却高达 40%。顺便说一句，我觉得，判断高收入阶层，可用一个简易标准：如果每次在超市中购买食品时，都是想吃什么就买什么，而不怎么在乎价格……那就是了。

近年来，食品消费需求也出现了若干新形态。例如，某知名网站，与辽宁的某个优质水稻生产基地签订了收购合约，按照每亩^① 9 999 元的价格，收购水稻。这是一种很有意思的计价方式，按照面积而不是重量。实际上，这是大米的定制生产，包含着一些特殊的生产要求。那个基地的水稻生产，是参照有机农业的生产规程，每亩的大米产量较低，在 300～400 斤^②。折算起来，每斤大米的价格为 25～30 元。这样的定制生产是完全可追溯的，可追溯到具体的地块。有的还在地块上安装监视装置，购买者可以通过网络，实时观察水稻长势和田间作业。假期的时候，还可以带着孩子到现场考察体验农耕文化。这样的方式，能够满足消费者的综合性需求，包括口味、安全性、文化以及其他方面的心理需求。这也是一种新兴的食品需求行为，主要也是高收入阶层的，是小众需求。

个人偏好的作用也很大。影响个人偏好的因素太多了，包括地域、性别、年龄、职业、文化（民族、宗教）、心理（从众性，如喝咖啡）、生理（如糖尿病患者）等等。

以上这些农产品需求的特殊性，孤立地看，好像也没有什么大不了的。但是，与生产供给方面的特殊性对照起来看，就会发现有大问题了：两者常常对不上。对不上的直接后果，就是市场价格波动。

---

① 1 亩≈667 平方米，下同。
② 1 斤＝500 克，下同。

9. 农产品生产有哪些特殊性

前几年，兴起一阵风，大型工商企业要大举进入农业。据报道，炼钢的企业，互联网企业，挖煤的企业等，都说要砸下重金，大规模种菜养猪。我怀着高兴和好奇的心情，关注着后来。后来，好像就没有后来了——没有再看到隆重的下文。

农业是个古老传统的产业，但绝不简单，并不是只要砸进去钱，就能从中赚出大钱。否则，就不需要办那么多农业大学了。最早的农业大学，还是从欧洲和美国先开办起来的。

农业产业，很有些特殊的规律，不同于别的产业。要进入农业，就要了解、敬畏和顺应这些规律。以下几个方面，具有突出重要意义。

第一，是生物性。农业包括种植业和养殖业。而无论是种植业，还是养殖业，都是与生命体打交道。要取得尽可能多、尽可能好的农产品，需要植物和动物的良好配合。这就要了解其习性，顺应其习性，然后科学地改造其习性。无论是作物，还是畜禽，都有固定的生长节奏，不能人为地加快，加多少班都没用，更不能拔苗助长。无论是作物，还是畜禽，管理照料都很复杂，需要按照每个个体、每个生长阶段的不同需要，进行精细"喂养"，还要防止风雨霜冻与虫害病害的侵害。甚至可以说，种庄稼和养畜禽，比养育人更难；给庄稼和畜禽看病，比给人看病更难。理由很简单：人会说话交流，而植物和动物不会。此外，农业产品也具有生物性，也是有"生命"的。蔬菜与水果，到了季节不收获，就要烂掉；收获了没有特殊储藏措施，也要烂掉。畜禽养到了一定阶段，就要出栏屠宰，虽说也可以拖一段时间，但拖时间就是白白浪费饲料；拖不了太久，也还是要出栏屠宰，如果不能立刻卖出去，还需要更昂贵的储藏费用。这些都与工业产品很不相同。因此，农业在本质上，就是生命科技产业；农业大学在本质上，就是生命科技大学。说农业，人们往往联想到传统和落后；而说生命科技，人们就能理解其前沿性和高大上了。

第二，是季节性和生物周期性。对种植业来说，是季节性；对于养殖业来说，是生物周期性。作物的季节性决定了产品上市的旺季和淡季，决定了要有储藏业和加工业；最早的食品加工业多是为了延长储藏期，例如东北的酸菜和南方的腊肉。储藏，就是为了解决农业生产季节性与食品需求持续性的矛盾。养殖业的生物周期性，是由动物的怀孕期、生长期、成熟期所决定的。季节性和生物周期性的存在，使得农业市场形势发生变化时，生产无法及时做出反应；生产的调整，有滞后期。产品不同，滞后期长度不同：一些蔬菜和小动物，最短也要几周，大田作物半年到一年，而水果和大动物，则需要几年。例如，最著名的蛛网理论，就是基于仔母猪成熟期、怀孕期和肉猪成长期的价格波动理论；按现在的养殖水平，一个完整的生猪价格波动周期，大约是两年半到三年。

第三，是区域性。尤其是种植业，地区特征极为明显。南橘北枳，说的就是这回事。南方种甘蔗，北方长甜菜；吉林的玉米，河南的小麦，新疆的瓜果，都比别的地方长得好；同样是大米，北方的粳米和南方的籼米，口感很不相同。这些都是自然条件所致，主要是土壤温度降雨光照的不同。此外，技术进步和经济发展，也对农业的区域特点有强化作用。例如，交通发达了之后，运输成本相对降低，使得区域比较优势更加凸显。一个突出的案例是，由于劳动力成本大幅度提高，东部地区棉花生产急剧萎缩，原来占全国产量70%左右，现在只有三分之一，未来 5 年之内可能会降低到 20％以下。河南原来是东部最大的植棉省，近 12 年来，棉花种植面积从 1 400 多万亩，下降到了 150 万亩。而新疆棉花则由于单产高、经营规模大、机械化程度高，占全国的比例已经从三分之一左右，上升到三分之二。农产品由于地域性特点突出，产生了许多地理标志产品。未来，农业的地理标志产品，会越来越多。

以上是自然属性为基础的规律。此外，还有一些经济和社会属性的规律，叠加在自然属性的规律之上。其中最主要的，是对农业生产过程的质量控制，很不容易。制造业生产过程的质量控制，可以每天乃至每时进行，比较简单。例如，流水线上，谁负责的流程环节的作业质量如何，是否达标，当场当时就能检查检验出来。而在农业上，很多作业质量难以当场当时检查。施肥好坏，打药如何……如何检查？只有当庄稼的长势或者最后收成出问题了，才能够被发现；而那时，已经是问题发生好久之后了。追责很难，也于事无补。我国改革前集体经营模式的失败，主要原因就在于此；20 世纪 70 年代末的农村改革，之所以取得成功，就在于建立了家庭联产承包责任制，把整个农业生产过程中的权责利捆绑到一起，解决了操作者的责任感问题。世界各国的农业，都是以家庭农场为绝对主体，原因也在于此。

正是由于以上这些突出的特殊性，农业生产显著不同于工业生产，看似容易，实则不易；进入容易，成功不易。如果还抱着落后、简单、粗放的观点来看待农业，没有耐心把功课做足做好，就到农业上来挖矿掘金，那么，结果就不难预料。我看到网上有人发帖子，说当了农业炮灰，应该就是类似的情况。

10. 农产品价格为什么大起大落

这些年，对农产品的市场价格波动，媒体经常发出惊呼，并造出了一堆"怪异"的新词。例如，"蒜你狠"、"豆你玩"、"姜你军"、"葱击波"、"糖高宗"等等。所有这些表达，都有一个共同点：惊呼于价格的上涨。而用于价格下降的"怪异"新词很少，好像就一个"跌跌不休"。可能因为媒体人是城市消费者，对价格上涨的感觉更直接更敏感。

对农产品市场价格波动的大惊小怪，可能有各种原因。但其中最根本的，应该是不了解农产品需求与供给的特点。根据这些特点，一些农产品价格的较大波动，属于正常现象，很难避免。

例如，葱姜蒜这类产品，属于蔬菜中的配料或辅料，同一般蔬菜相比，需求数量很少，需求弹性很小。价格降低时，居民家庭和餐馆不会多买多少；价格升高时，也不会少买多少。这是因为，葱姜蒜的调味作用，是某些菜肴不可或缺的，也不好替代；同时，用量少，占蔬菜总成本的比例很小。粮食的需求弹性也很小，其原因是作为主食，不可或缺，很难替代；所花费的钱，同肉禽蛋奶和蔬菜水果比较，也很少。

需求弹性小，是价格暴涨的基础原因。需求弹性小，意味着一个很小的供给数量变化，就会引起一个很大的价格变化。例如，葱姜蒜的供给数量减少时，大家都不想少买，于是，价格就上涨；上涨了，还是没有人想少买，价格就继续涨……直到有人减少购买数量，或者大家都减少一点购买数量，都节约一点。葱姜蒜供给数量减少10%，就足以把价格拉涨50%或更多。这是个保守的估计。在猪肉方面，有实际数据，大家也都普遍感受到过，这就是 10 年前发生的猪肉价格暴涨。当时，猪肉供给量减少了 8％左右，而猪肉价格上涨了 60％以上。葱姜蒜的弹性系数，应该比猪肉更小，同样比例的数量降低，会引起更高幅度的价格上涨。

葱姜蒜的产量减少 10％，是很容易发生的。原因很简单，天气异常变化，包括多雨低温等，或者病虫害影响，都很容易导致 10％或更大幅度的产量变化。而 50％的价格上涨，足以大大刺激农民增加种植面积，乃至很多原来不种葱姜蒜的农民，也开始转种葱姜蒜。我国以小规模农户经济为主，从众和跟风的市场反应行为，非常普遍。结果呢，下一个生产周期结束时，市场上的葱姜蒜供给数量就不是增长 10％了，而可能是 20％、30％或更多。于是，价格必然下降。但即便下降了 50％，葱姜蒜的消费需求也不会增加很多，又不是很好储藏，生产者都想卖出去，于是，只好竞相降价，价格就会跌得很惨；最后有部分产品，可能就只好任其烂掉了。然后，又开始新的周期：数量减少，价格升高，数量增加，价格下降……记得我上大学前，住在深山沟中的姥爷，自己种了大蒜拿到集市上卖，那年的价格很好。我高兴地说，姥爷，明年再多种些吧。不料，姥爷却说，明年不种了！明年种的人肯定很多，价格得下来。老人家的文化水平，只够分清楚人民币的币值，却教给了我农产品价格波动理论的第一课。

猪肉市场的波动循环是另一个突出案例。当价格上涨时，生产者通过两种方式增加生产：一是给现有的成年母猪配种，然后，经过怀孕期，生下仔猪，再养成肥猪，出售。前后需要将近一年时间；二是增加仔母猪，仔母猪成熟后，再配种，生仔猪，养肥猪，前后大约一年半时间。等到如此增加饲养的肥猪都出栏之后，市场猪肉供给量就大增，价格就开始下跌；这时，就会导致农民减少饲养量，从减少母猪开始……一个完整的波动周期，大概三年左右。

由于需求弹性小、供给量易变、产品储藏难、生物周期性等，是农产品的普遍特点，不是偶然现象，因此，农产品的市场价格波动，也就是常见的了。

　　上述农产品价格变化的特点，可以概括为两点：第一，周期性，第二，放大性。放大性是个非常重要的特点。在反映供求关系方面，价格变化是一个信号：价格上涨时，表示短缺，反之，则表示过剩。这是人皆知之的常识。但是，需要特别注意的是，这个价格信号，具有放大性或夸大性。即：价格上涨得很高，并不意味着短缺特别严重；价格下降得很多，也不意味着过剩特别突出。需求价格弹性小的内在含义就是：很小的数量变化，就能够引起较大的价格变化；价格变化的幅度，是数量变化的数倍或更多；或者说，数量的变化幅度，仅仅是价格变化幅度的几分之一乃至十几分之一。

　　农产品市场价格变化的这两个特点——周期性和价格信号放大性，意义非常重大。媒体不要做过度反应，尤其是不要再造怪异的新词，去"煽风点火"；政府不能做错误解读，以至于惊慌失措或盲目乐观，跟在市场短期波动后边"锦上添花"或"火上浇油"，而要着眼于长远性稳定措施；生产者和企业不能有错误判断，不能跟风被动盲目调整，而要主动认识和适应规律，用科学的预期，指导科学决策。如果能够做到这些，价格的波动才会缓和乃至平稳。否则，就会加剧市场价格波动，就要付出真金白银的代价，包括企业，也包括政府。

三农思法

11. 如何看待粮食安全问题

20多年前，一个美国人写了本书，提出了一个耸人听闻的问题：谁来养活中国？还有一个澳大利亚人做了个预测：中国将进口9 000万吨玉米。事实证明，这两个经济学家的预测，的确远远不如天气预报准确。

20多年过去了，我国的粮食问题，如今让国家发愁的，不是少了，而是多了，尤其是玉米、水稻和小麦：库存太多了，多到仓库装不下；装进去的，也不能存太久，以至于只能降价卖。海量的库存，让财政补贴进入了漩涡场，让国家头疼不已。在此背景下，粮食安全问题，就成为了一个生僻话题，鲜有论及。

那么，现在的粮食安全问题，真的是已经可以高枕无忧了？可能不行。

粮食库存多是事实，但只是表象。高库存的背后，有很多故事。这里，先不说这些复杂的故事，而只指出一个事实：库存无论多高，只是个存量。关键是"流量"，即每年生产出来的东西，能否足够当年自用，或者还有富余？这需要看一些数字。

2016年，我国谷物净进口2 136万吨，主要是小麦、大米、玉米、高粱、大麦；大豆8 378万吨；棉花123万吨；植物油770万吨；食糖291万吨；猪产品280万吨；牛肉58万吨；禽肉13万吨；乳品215万吨。可见，主要农产品中，除了蔬菜和水果之外，在粮棉油糖猪牛禽乳等方面均是净进口。

　　普通读者对这些数字可能没有概念。换个角度，光说大豆：进口大豆的数量，如果我国自己生产的话，按照现在单产水平，需要 7 亿亩土地！这比整个东北和华北耕地面积的总和还多！大豆进口一直在增加，近 10 年，增加了近 2 倍！2017 年上半年，继续保持两位数的增长势头。

　　换句话说，为什么我们的粮食库存多，是因为进口大豆，节省了大量土地，得以种植了更多的玉米和小麦等；在此基础上，还进口了大量粮食，把一部分国内生产的粮食，打压到库存里边去了。

　　目前，就是这么个情况。再考虑到未来，一方面，土地会越来越少，水资源越来越少，劳动力越来越少并且越来越贵；另一方面，人口继续不断增加，工业化的不断发展，结果肯定是需要更多、更好、更安全的农产品。稻草，每一天，每一刻，都在一根根地往上加……等到最后一根加上去压塌了的时候，再来想，就太晚了。粮食安全，是长期问题，不是短期问题，需要未雨绸缪，居安思危，更何况已有临危之端倪……这是第一个观点。

　　第二个观点，粮食安全，是生产问题，不是流通问题。储存的作用，就是削峰填谷，平衡丰歉。只要生产能力足，能够生产出来，谁来储存，如何储存，就都不是个事儿。欧美农业生产能力强大，所以，国家不储存，也无粮食安全之忧。既然是生产问题，就要把生产能力弄上去；这需要加强农业的基础设施建设，提高地力，更需要强化农业的科技创新，把这个第一生产力做强大了。近些年，这一点已经日益取得共识；中央一号文件中说，要藏粮于地，藏粮于技，就是这个意思。希望这种认识，不仅仅是因为国家库存太多了，要解决库存问题，才提出来的权宜之计。希望这种认识，是一种远见卓识，并且要真正落实体现到国家的财政预算上：拿出更多的钱，去提高地力，去加强科技。

　　第三个观点，粮食安全，不是粮食问题，而是食物问题。听起来有点绕。这是因为，粮食安全这个词，是翻译过来的；翻译失准，造成了混乱。原文是 food security，应该翻译为食物安全（或食品保障更好，以便与 food safety 即食品安全相区分）。尽管翻译失准，但现在大家都习惯了，也不好再改。要避免歧义，也不复杂：其他一切不变，粮食还是粮食，只是当遇到"粮食安全"一词时，脑子里边做个替换，把里边的粮食，替换为食物。本文就这样使用。

粮食安全问题，本质上是饭碗问题，是确保人人吃饱饭、吃好饭的问题。我国居民的饭碗里边，现在都装的是什么呢？据统计，城镇居民每人每年消费约 80 千克粮食（大米、面粉等成品粮），60 多千克肉禽蛋鱼，170 千克蔬菜瓜果。农村居民对应的数字分别大约是 120 千克、50 千克和 110 千克。因此，粮食是粮食安全的基础，但绝不是全部。解决好粮食安全问题，要考虑所有的食物，包括谷物、瓜果蔬菜、肉禽蛋奶。所有这些农产品生产效率和生产水平的提高，都是非常重要的。进一步说，要考虑所有的农产品；棉花不是食物，但是，如果棉花单产提高了，那就可以节省出更多的土地，种植粮食和瓜果蔬菜等，也会促进保障粮食安全问题。

粮食安全问题，还有其他一些维度。但这里讲的三个方面，是眼下当虑之要。

改革开放以来，我国已经多次出现过农产品过剩问题，现在头疼的事，当年都有过；盲目的乐观，当年也有过。有的专家甚至做过预测，说到 2010 年以后，我国将大量出口小麦。实际情况是，2010 年以来，小麦进口不断增加，最多达到 550 万吨。

如何既解决好眼前的过剩问题，又确保未来的粮食安全？我觉得，要让市场和政府都发挥好各自的作用：让市场发挥资源配置作用，解决眼前的供求平衡；让政府发挥更好作用，解决好未来的供求平衡。即：强化未来的生产能力建设，在藏粮于地、藏粮于技方面，现在就下真功夫，用足气力。

12. 如何看待我国的农产品贸易

两年前，跨太平洋伙伴关系协定（TPP）12 个谈判国达成基本协议，美国领导人说了句排斥中国的话。对此，有位中国专家写了篇短评，题目霸气十足：排除了中国，"全球贸易"都是笑话。

在感受了霸气之后，再仔细琢磨一下，这十三个字还有些弦外之音：全球贸易是好事；中国愿意加入全球贸易。那么，对农产品贸易，是否也是如此？我认为，大道理，也是如此；具体政策，有待完善。

加入世贸组织以来，我国的农产品出口和进口，均快速增长。2001—2016 年间，出口增加了 3.5 倍，进口增加了 8.4 倍。同全国货物贸易总额的增长速度比较，农产品的出口增速低，而进口增速高。出口增长慢、进口增长快，使得我国从农产品净出口国，变为净进口国。2016 年，我国农产品出口 730 亿美元，进口 1 116 亿美元，贸易逆差386 亿美元。

从结构上看，出口中，水产品、蔬菜、水果、畜产品为主，合计占了三分之二，分别是：水产品 28%，蔬菜 20%，水果 10%，畜产品8%。进口中，大豆、畜产品、水产品、植物油为主，合计也约三分之二，分别是大豆 30%，畜产品 21%，水产品 8%，植物油 6%。在粮棉油糖猪牛禽乳等方面均是净进口。净进口数额大的产品主要是大豆、畜产品、粮食、植物油和棉花。而净出口数额较大的产品只有水产品和蔬菜。

总体而言，这样的变化趋势基本合理，除了粮食之外。出口方面，获益的当然是农民，尤其是沿海地区的农民，蔬菜、水果和畜产品是主要出口产品，这些产品，都是附加值比较高的产品，单位面积的产值较高。进口方面，获益的主要是消费者，乃至整个国家。消费者获得了更多品类和优质的国外产品，例如奶粉、牛肉、葡萄酒等。更为重要的是，进口了大量的农产品原料，主要是大豆和棉花。两种产品的单产水平都很低，如果自己生产的话，需要大量的土地面积。光说现在进口的大豆数量，如果靠国内土地生产，需要7亿亩土地，而东北和华北两大地区的耕地加在一起，也才6亿多亩。靠自产，根本不可能。进口了这些产品，就相当于进口了大量的耕地和水资源，节省了我国的土地和水资源，也促进了生态环境的保护——如果没有进口，会有更多的破坏生态的土地开垦。进口的棉花，是用于纺织业原料，然后再出口纺织品。而进口的大豆，榨出的豆油直接满足消费者日益增长的食用油需要，豆粕则用作蛋白饲料，转化出大量的肉禽蛋奶和鱼虾。同时，进口的大宗农产品，通常都是低价的，这对稳定我国食品价格，保障低收入居民的生活水平，具有重要作用。

这些年听到争议和质疑比较多的，是大豆的进口。质疑的人说，进口大豆损害了东北大豆生产者的利益，使得面积大幅度减少，产量相应减少；我国大豆产量从1 600万吨减少到1 100万吨左右。听起来，有些道理，而实际情况并非如此。因为，减少的面积，并不是摞荒了，而是转种其他粮食了，主要是玉米、小麦及水稻。农民不种大豆，转种玉米，反而获得了更多的收益。农民们都会算简单的经济账：大豆的价格高一些，但单产太低；水稻和玉米的价格比大豆低，但是，单产高得多，远远可以抵消价格的影响，总体收入更高。

当然，有些产品的进口，是有问题的，并不合理。主要就是各种粮食，尤其是用作饲料的粮食，包括玉米、高粱、大麦等。主要原因，是国内的粮食保护价收购政策，没有及时随着情况变化而调整，结果导致国内价格远远高于国际市场价格。进口产品在交税入关之后，还比国内产品的价格低，企业自然就愿意用进口产品。玉米有进口配额的限制，不能随意进口，而高粱、大麦、玉米 DDGS 和木薯干等饲料原料没有进口配额限制，关税又很低，结果就大量进口。国内玉米卖不出去，就被压到国家的仓库中去了。这个情况，实际上不是进口的问题，而是国内粮食保护价政策的问题。把粮食保护价政策改革了，这种不合理的进口，就不会发生了。

此外，我国的农产品贸易，也对总体贸易关系和国际政治关系，具有重要影响。例如，从南美国家的进口快速增长，与东盟农产品贸易增长更为迅速，东盟已经成为我国农产品第一大出口市场，第三大进口来源地，与"一带一路"国家的农产品贸易也呈现新的增长势头。

最后要说的是，中国人的饭碗，要牢牢掌握在自己的手上，是非常正确的。饭碗问题，就是国家的粮食安全问题。进口，主要是起到补充性作用。我国进口最突出的，就是大豆，主要进口来源地是美洲，尤其是从南美的进口数量不断加大，早已超过了从北美的进口数量。从国际政治的角度看，风险很小。就国家贸易平衡来说，更没有任何问题，我国农产品贸易占全国贸易总额中的比例，出口约为 3%，进口约为 7%。在和平时代，充分利用国际比较优势，适当进口一些单产低耗地多的产品如大豆和棉花等，减轻国内土地的压力，养护培植地力，恢复良好生态，于国有利，于民有利。

13. 粮食领域要不要市场机制

2016 年春，内蒙古的一个农民被当地法院判刑 1 年，罪名是非法经营罪，因无证收粮。看到这条新闻，感到难以置信，可又不像是网络小编开的玩笑。

2013 年党的十八届三中全会深化改革决定中，明确指出：使市场在资源配置中起决定性作用……

市场机制，是一只看不见的手，但却是有章法的手，能够很好地配置资源。配置资源的目的，是为了满足需求。因此，能够最好地满足需求的资源配置方式，就是最好的。当产品短缺的时候，供不应求，大家都抢着买，就抬高了价格；价格高了，生产者获利就增加，获利是生产者的目标；为获利更多，生产者就要想办法增加生产，这就要重新配置资源……如果出现了过剩，则就会出现相反的调整过程。这是一个极其粗略的描述，真实的市场机制，比这更为细致精巧得多。例如，不仅是看产品价格，还看成本，包括机会成本——其他相关产品的价格。又如，市场也会自动产生合理的产销差价、季节差价、地区差价和质量差价等。没有市场机制，就没有优质优价，就没有质量提升，正如现在按保护价收储进来的粮食。

资源配置的过程中，涉及到千百万市场参与者，他们的责任感与政府官员也不太一样：市场参与者决策失误，损失自己的钱袋子；官员决策失误，则是另一回事。更重要的是，让政府来弄清楚千百万人的需求及其变化，并传达给千百万个生产者，再说服千百万个生产者相信并听从政府的指挥，是 mission impossible。计划经济体制的失败，已经证实了这一点。如果政府的干预，是有先见之明，超越眼前的市场，那肯定有用。而在现实中，通常是"后见之明"，市场都变化了，政府才醒悟，再补马后炮。若干年前猪肉价格暴涨的经历，就是这样：事先没预见，涨价后手忙脚乱，采取了一系列措施，包括急忙给母猪发补贴。其实，高涨的市场价格，已经给了农民足够的刺激，去多养母猪和育肥猪了。政府的各种"锦上添花"措施，只能是加剧了后期的市场周期波动：出现过剩，价格大跌。

那么，粮食领域是个例外吗？在粮食领域中，是否也需要市场机制，让市场起决定性作用？这不是一个假设性问题，而是一个现实性问题。

这个问题，有着深远的历史背景。改革开放初期，对市场机制不放心，于是，先拿认为不太重要的产品试验：先开放水果蔬菜，然后是肉禽蛋奶，最后才是粮食。这是因为，粮食在我国人民的头脑中，始终享有特殊重要的地位。手中有粮，心中不慌。最重要的事情，一定要放在政府手上，不能轻易放给市场。这已经成为一种思维定式。

改革开放以来，对粮食之外的其他产品，放开市场之后，政府没有再进行直接干预，这些产品越来越充足，品类越来越丰富，质量越来越优。唯有对粮食，政策不断调整、波动、反复。基本规律是：粮食少了的时候，政府就收紧政策管制；粮食多了的时候，政府就向外推放。

判农民无证收粮为犯法，法院依据的是《粮食流通管理条例》。这个条例是 2004 年出台的。那时是什么背景呢？粮食已经连续 5 年减产，2003 年达到了最低点。于是出台了严厉措施，要把市场流通环节，都抓在政府粮食部门手上。粮食安全是生产问题，不是流通问题：生产出来的粮食不够吃，靠控制市场流通，是不管用的。说这个道理，大家都认可；但一联系实际，道理就被忘记了。

粮食最低保护价政策，也是在连续 5 年减产的背景下出台的。刚出台的时候，政策设计是合理的。当时，由于减产和短缺，市场粮价已经在高位，农民种粮的积极性已经很高。当时制定的保护价，低于市场价格，所以并不需要实际执行。其作用主要是通过这个托底的价格，给农民吃个定心丸。

后来，粮食连年增产，一直到十二连增。按说，保护价政策是怕生产不足，既然生产连着增，过剩问题都出来了，并且日益突出，那么这项政策是否就该取消了，或者，保持稳定就行了？可是，并没有这样做，而是恰恰相反，不仅没有取消，而且从2008年开始，不断提高保护价水平。结果是：粮食越来越多，保护价越来越高！那些年，国家财政收入增长幅度大，就想给农民多一些补贴。于是，最低保护价政策的主要目的，在不知不觉中，就从保障国家粮食安全，变成了提高农民收入。正如那一句有名的诗：我们已经走得太远，以至于忘记了为什么而出发。

提高农民收入，当然是好事。但是，把好事办好，需要有好办法。价格保护政策，就提高农民收入而言，不仅效率低下，而且副作用很大；不仅国家库存耗资巨大，而且导致购销加工体系不畅，妨碍提高产品质量，消费者要支付高价等。欧美国家都走过这个弯路，现在都弃之不用了。其实，国家想拿钱补贴农民，最简单有效的办法，是直接补贴，而不是通过扭曲市场的弯弯绕办法。

内蒙古无证收粮的农民，后来被改判无罪；因为上诉再审时，个人收粮必须办证的规定修改了。

现在，是到了回头看看的时候，更到了谋划未来的时候。粮食政策改革很复杂，但已势在必行。改革的方向，就是让市场在资源配置中起决定性作用，让市场定价。既然市场的手，把瓜果蔬菜、肉禽蛋奶都调节得很好，量丰质优，为什么就不能调节粮食呢？当然，政府也不是没事干。党的十八届三中全会深化改革决定中，还要求"更好发挥政府作用"；政府除了干预市场，在其他很多方面，大有可为，大有作为。

14. 市场机制下政府干什么

2015 年 4 月的一天，我接到报告，说中央领导同志在广西玉林市考察，表扬了我校教授的工作！领导同志看了那里的农业嘉年华，对现代农业模式表示赞赏——那是我校教授的作品。

当地领导热情邀我去。到了才知道，那是当地新规划建设的一个园区，叫"五彩田园"。总面积有 52 平方千米，主要是浅缓的丘陵、小山坳、荒地荒坡，要规划建设成为"山水田林路、一产二产三产、生产生活生态、创意科技人文"多维度的园区。

令人感叹的，是规划建设速度。当地政府 2014 年 4 月开始规划建设，仅仅一年时间，园区的主干道路、绿化等已经初步完成，我校教授主持的农业嘉年华，成为开园的第一个项目，其他十几个项目也在陆续开建中。

这样的速度，在任何一个别的国家，都是难以想象的奇迹。我对当地领导说，中国特色社会主义的优越性，你们提供了一个很棒的案例！

这个案例，说明了政府的一项极为重要的职能：规划。规划的事，市场机制是做不到的。园区里边已经开建的十几个项目，是靠市场机制。而 52 平方千米的规划，包括规划后的拆迁、人员安置等，只有政府做得到。

这是个小型的区域规划，玉林市政府出面就做了；而全国性的各种农业发展规划，则需要国家相关部门才行。规划，是政府对区域资源特征的认识，是对市场配置资源的预测，也为市场配置资源提供立地基础。规划，实在是太重要了。

我曾经考察过浙江的新农村建设，两个村，一路之隔，景象截然不同：一个村，有规划，农民的住宅集中建设，不同时期的楼房新旧差别很大，但是，各种设施建设齐全，上下水、道路、绿化、垃圾收集等均齐备；另一村，没有规划，农民各自的楼房盖得很好，但是东一家，西一家，分散在田野中，设施建设很差，很难搞，当地干部很发愁。

在市场经济下，政府推动农业发展的另一项重要职能，是支持科技创新。科技是第一生产力，怎么强调都不为过。有人说农业科技创新，可以靠企业；说美国的农业科技成果，企业占了半边天。这事不假，但是也要知道，企业搞的，都是能直接赚钱的，可以收取专利费的。

我就见过美国大公司给加拿大农民的律师函，让他抓紧交专利费，否则就法庭见。向农民收取专利费的事，我国有哪个企业想干？想干，做得到么？还要看到，美国从事农业科技研发的企业，也就那么几个，都有上百年的发展历史，财力雄厚，目光长远，不求短期回报，投入强度很大。我曾经访问过其中的一个，他们每年投入玉米研究的美元数额，换算成人民币，比我国农业科研国家队的全部科研经费还多。

我国有这样的企业吗？我国那么多的玉米育种公司，那么多玉米新品种，在我国最重要的玉米主产省，竞争不过该公司的一个玉米品种。在可以看得见的未来，我国的农业科研创新，尤其是原始性创新，还得靠农业大学和农科院两个系统。在农业科技上，国家要舍得花钱，拿出每年用于粮食储备费用的多少分之一，就行。

还有两件大事，也必须要政府管：重大动植物疫病防控、食品质量安全监管。这两件事，有着密切的联系。重大的植物和动物疫病防控，光靠生产者或者企业不行，必须由政府进行组织。禽流感、口蹄疫等疫病防控不好，就要发生大问题。

还有造假问题，政府要通过严密监管和严厉惩罚，让生产者心存畏惧，不敢用侥幸心理去造假，这样才能实现源头上的安全。

中央一号文件提出要藏粮于地，这就是提高地力，尤其是进行农业土地整理，地块整理归并，修田间道路，建灌水沟渠等。这是长远大计，需要投入较多，仅仅靠农民自己也有困难。

欧盟的很多国家，都长期设立土地整理项目。我国的农业综合开发项目、土地整治项目等，都属于这一类措施。只是，国家财政在这些方面的投入力度，还需要不断加大。另外，也需要解决体制问题，能够进行资金整合使用。

粮食储备，当然还要有。但是，也不需太多。联合国粮农组织 40 多年前确定的粮食安全保障线是常年消费量的 17%～18%，也就是 65 天左右的消费量。这是陈粮储备量，即新粮收获时还有的陈粮库存数量。国际上已经有不少专家提出争议，说这个线定得高了。

储备的目的就是防灾救灾，平抑丰年歉年。我国是大国，各种灾害年年有，不是南方就是北方；不同地方的丰歉，使得全国平均起来，每年之间的歉收程度，也差不了多少。因此，我国可能也不需要那么多。

储备是个花钱的事，多了就是浪费。另外，17%～18% 是社会储备需求，包括加工和流通企业，不是都要国家包揽下来的。

此外，政府在市场信息收集与发布、农业科技推广服务、农民培训等其他很多方面，也有重要的不可替代的职能。

最后，是补贴。政府有钱，给农民发补贴，当然是多多益善，没人反对，至少关心三农的人不会反对。但问题是，政府的钱，是有限的；政府可以花到农业上的钱，更不可能无限。因此，把政府可以花到农业上的钱，如何花得好，花得更好，需要好好研究。

15. 农业补贴是怎么回事

　　2006 年，四川省南部县宋家坪村、河北省灵寿县青廉村、辽宁省阜新蒙古族自治县黑虎洞村等几个地方的农民，不约而同，自发地做了一件事：立碑。为的是同一件事：国家全面取消农业税。这确实是件值得立碑的大事：我国的农业税制度，从春秋时期的"初税亩"算起，经过了整整 2 600 年，终于进了历史档案馆。

　　讲农业补贴，为什么扯上农业税？这是因为，二者是镜像关系，或者说，二者互为负数。农业税是什么？是因为当农民，因为从事农业，你就要向国家交钱；而农业补贴，则是因为当农民，因为从事农业，国家给你发钱。按照现在某些人的用语习惯，农业税就是负的农业补贴。有意思的是，这样互为负数的两件事，曾经在我国并存了 2 年。我有幸亲历并近距离感受过这个过程。

　　本世纪初，在加入世贸组织的背景下，上级领导发来指示：研究国外农业补贴问题，研究中国怎么办。2001 年，我们提交了研究建议报告，得到国务院领导重要批示；2004 年，开始减少农业税，同时开始实行农业直接补贴政策；2005 年，开始减免农业税，继续实行补贴政策；2006 年，全面取消农业税，继续补贴……

　　废除有 2600 年历史的农业税制度，是个奇迹，进程之快，远远超过了决策者的预想。我觉得比这更大的奇迹，是人们的观念转换。十几年前，交农业税是天经地义；现在，发补贴似乎成了天经地义。

　　每年两会期间，一些代表和委员，谈起三农问题，经常会建议设立新的补贴类别，其中有的建议，令人"脑洞大开"，几近异想天开。一些企业家们研究中央一号文件，寻找进军农业的商机，也是先问有啥新补贴。

我国的农业补贴起步晚，只有十几年时间，但是，目前的涉农补贴，五花八门，非常繁杂。我去做调查时，某县财政局提供的单子，各种名目的补贴，足足好几十项，数额大小不等，从几十万元，几百万元，到数亿元。

按照世贸组织的定义，所有的农业补贴政策，分为三大类：绿箱、黄箱和蓝箱。绿箱政策的特征是：补贴与种什么，产量多少，价格高低，都没有关系。不扭曲市场，也就是说，对生产和贸易，都没有直接影响。黄箱政策，则与绿箱政策相反，对生产和贸易有直接影响，主要包括价格支持（即保护价）政策、对各种投入品和资金的补贴。蓝箱政策，是价格支持政策的一种特例：在实行价格支持政策时，同时限制农民的生产数量。

需要特别说明的是，实行别的补贴政策，农民都能够从国家那里直接拿到钱，但实行保护价政策，农民并不直接获得国家补贴，而是通过高价格的方式获得好处。这种补贴，是间接的补贴。

国家也要拿钱，因为，按照保护价收购、储藏和销售粮食，是要产生各种费用和损失的，这些最终都是由国家财政买单。此外，消费者也要为这项政策买单，因为价格被抬高了。

保护价收购政策，也是农业补贴政策中的一种，并且在早期欧美农业补贴时，是最重要的补贴方式。对此，非专业人士在理解上，可能不太习惯；在讨论补贴政策时，往往产生理解上的偏差和不全面。

我国最重要的几项补贴政策，都是在2004年以后开始实行的。

粮食直接补贴政策：2002年在吉林、安徽等地试点，2004年全国全面实行。开始时为119亿元，现在为150亿元左右。

良种补贴政策：2002 年设立。现在主要包括稻谷、小麦、玉米、大豆、棉花、油菜、花生等。每亩补贴 10～15 元不等。现在补贴总额 200 多亿元。

农机具购置补贴政策：2004 年启动。最初只有 7 000 万元，现在已达 200 多亿元。原则上补贴额不超过农机具购买价格的 30%。

农资综合补贴政策：2006 年开始实施。针对生产资料涨价而给予农民的补贴。当年补贴额为 120 亿元，现在已经超过 1 000 亿元。这是数额遥居首位的补贴项目。

以上四类直接补贴，从字面上看，都属于黄箱政策。但在实际操作中，粮食直接补贴、良种补贴、农资综合补贴，基本上都是按照承包地面积发放的，并且与产量和价格都不直接挂钩。

因此，实际上应该属于绿箱政策。这三项补贴，完全可以合并，并且现在已经在 5 省份进行合并改革试点。我的建议是，与保护价政策改革综合考虑，归并为一项新的补贴，可称为农地补贴，或农地保护补贴。这样，可直接认定为绿箱政策。

农机具购置补贴，对于近年来农业机械化快速发展，作用很大。未来，农业劳动力必然继续减少，劳动力成本必然继续提高，提高农业机械化率和劳动生产率的要求更为迫切。因此，需要更加强化农机具购置补贴政策，加大财政投入力度，扩大涵盖农机具类别，并完善补贴程序，既加强监管，又便利操作。

其他名目繁多的各类补贴，通常是由各个不同部门设立，针对的是不同时期的不同重点问题。项目多，交叉多，管理分散，不成合力。需要进行系统地梳理，归并整合，突出重点，保留和加强最重要的、效果最好的那些项目。

我国农业补贴中，现在最重要的政策，是粮食保护价收购政策。这是间接补贴政策，也是 2004 年设立的。这项政策，现在的矛盾最突出，改革的任务最迫切，也最复杂，需要专题讨论。

　　农业补贴政策，尤其是保护价收购政策，欧美国家最先采用，并先后进行了重大改革。其经验和做法，值得我们研究和借鉴：他们过去走过的那些弯路，我们就不要再去重复一遍了；他们现在的做法，如果适合我国国情，就可以借鉴之。

三农思法

16. 美国农业补贴的特点是什么

有一年，到美国考察，正值美国国会辩论新的农业法案，焦点自然是补贴问题。陪同的美国农业部官员说，为了获得议员们的支持，他们想了一个说辞：美国的农业如此发达，食品供给如此丰富，每年农产品出口贡献如何如何，而补贴的代价多大呢？不过是每个美国公民，每天每顿饭多支付 5 美分！

这个认识和说法，都很到位。美国的农民占全国人口的比例不足 1％，所以，可以这样算账。美国对农业的补贴，从财政上和政治上，都有很过硬的理由。

美国，是对农业实行补贴最早的国家，补贴的体系也最复杂。因为，美国农业政策也不断地在进行"改革"，不断修修补补，原来的不能彻底废除，又叠加上新的。最后到了现在，形成了一个叠床架屋的结构。美国最新的农业法案是 2014 年发布的，有好几百页。如果不了解美国农业政策的发展背景，光看那个法案，可能看得眼花缭乱而不知所云，哪怕所有的英文词都认识。

美国 2014 农业法案包括 12 部分，分别是：产品补贴、生态保护、贸易、营养、信贷、农村发展、科研推广、林业、能源、园艺、作物保险、其他。本文聚焦产品补贴政策部分（commodities），这是最主要的部分。通常讨论美国农业补贴政策，如果不加以特别说明，指的也是这部分。

产品补贴政策分为两类：价格损失保障和农业风险保障。前者只考虑价格变化，单产是固定的；后者既考虑价格变化，也考虑单产变化。每个农场，只能二选一。有人将农业风险保障，理解为农业保险的一种，这是不对的。因为，农业保险，是要支付保费的，而农业风险保障，并不需要支付保费，也不涉及到任何商业性保险机构的介入。本质上，同目标价格补贴一样，属于国家对农民的直接收入补贴；不同的是，其除了价格，还考虑单产，故也可以称之为目标收入补贴。

如果把价格损失保障和农业风险保障，按照其实质性意义，分别翻译为"目标价格补贴"和"目标收入补贴"，就更容易理解其基本原理了。

价格损失保障，与原来的反周期补贴，以及我国的目标价格补贴，原理都是一样的：国家事先制定一个目标价格，当市场价格低于目标价格时，国家对农民进行补贴；补贴额是目标价格与市场价格之差，再乘以单产和面积。

原理简单，但操作起来不那么简单，需要大量统计和计算：目标价格，一定 5 年不变；市场价格是全国全年的平均，单产是该农场基期 5 年平均值的 90％，面积是该农场基期 5 年平均值的 85％。按照这个公式，并不是当年生产出来的全部产品都享受补贴，而只是基期生产量的 76.5％（90％×85％）。

本来，按照世贸组织的定义，与价格变化挂钩的补贴，属于黄箱政策；而美国的这个政策，由于限定了产量（基期 5 年平均产量的 76.5％），因此属于蓝箱政策。

农业风险保障，既考虑价格变化，也考虑单产变化。由于价格乘以单产等于单位面积收入，因此，农业风险保障，就是单位面积收入保障。补贴的原理类似，每单位面积补贴额，等于政府保障的目标收入与实际收入之差。由于不仅仅考虑价格变化因素，还考虑单产变化因素，因此，计算每个农场的补贴额度，公式更为复杂。

根据规定，美国农场在以上两种补贴方式中，只能二选一。据说，大部分农场更愿意选择农业风险保障。因为，其不仅考虑了经济因素所导致的价格降低，也考虑了天气或病虫害等自然因素导致的单产减少。根据农民的经验，选择农业风险保障的方式更合算。

研究美国农业补贴政策，要特别注意三个方面：第一，美国有可靠的统计数据。农场数量少，各类农场总数只有200多万个；规模大，产品出售的数量和金额，全程留痕迹，无法造假。如果像我国这样，有2亿多农户，每个农户规模平均不到10亩，并且经常种植多种作物，销售渠道分散，很多难以记录，操作成本极其巨大，是难以实施的。第二，补贴的产量是固定的，是基期5年平均值的76.5％，不是全部实际产量。第三，补贴设定上限限制。每年收入超过90万美元的大农场，不能享受补贴；低于90万美元的农场，每年可获得的补贴额，最多不超过12.5万美元。

适用上述补贴机制的产品包括：小麦、玉米、高粱、大麦、燕麦、大米、大豆、油料、花生、干豌豆、小扁豆、鹰嘴豆等。

美国以前实行过Loan rate政策，这是一种保护价政策。按照这项政策，农民可以把自己的产品抵押给国家的专门机构，获得贷款。Loan rate，就是每单位产品所可以获得的贷款数额。如果在抵押之后，市场价格走高，变得比Loan rate高，农民就可以把产品在市场上卖掉，然后偿还贷款；如果市场价格一直不高于Loan rate，农民就可以选择放弃所抵押的产品，也不用偿还贷款了。

实际上，这与我国的最低收购价格政策相似，Loan rate就相当于最低收购价格。只是，美国农民还多了一重选择，即在市场价格走高时，可以把抵押中的产品在市场上出售，获得更高收入。

在美国2014年的农业方案中，在形式上，仍然保留着这项政策。但是，Loan rate水平定得很低，远远低于市场价格。法案中的参考价格（相当于理想的市场价格）为：每吨大豆 309 美元，大米 309 美元，小麦 202 美元，玉米 146 美元；而 Loan rate 则为：大豆每吨 184 美元，大米 143 美元，小麦 108 美元，玉米 77 美元。

由于 Loan rate 仅仅相当于参考价格的 46%～60%，因此，实际中是用不上的。所以，在研究欧美农业政策时，不仅仅要看它们有什么，还要看具体规定细节是什么。否则，就会产生误解，以讹传讹。

17. 欧盟农业补贴的特点是什么

30 年前，我在德国留学。系里有了习惯，每天上、下午各有一次集体喝咖啡的时间，全系的教授和博士生都到一个大房间去，围坐着，一边喝咖啡，一边闲聊。聊的话题，以时政和农业问题为主。只要一聊到农业话题，总离不开一个词：过剩。

那时，我国还在实行粮票制度，我还不太习惯讨论过剩问题。我问导师，农产品过剩问题有多突出？导师略一思索，回答说，欧共体预算支出的 70％，用于解决农产品过剩问题。欧共体是欧盟的前身。用于农业的预算支出，实际上就是农业补贴。

欧共体实行全面的保护价政策，即：每年制定一个保护价，国家按照这个价格进行托底收购。保护价政策，调动了农民生产的积极性，同时，农业技术进步非常显著，生产效率提升很快。结果，欧共体国家农产品生产持续大幅度增长，很快就从不足，变为严重过剩，政府不得不出资收购储藏。以至于当时有所谓的"小麦山""牛奶海"之说。

保护价政策，使得内部价格远远高于国际市场价格，最多高出50％以上。这样，要出口的话，就必须进行补贴；同时，还必须实行高关税，防止进口产品的冲击。在我读书的那 4 年间（1985—1989 年），为消除过剩农产品，欧共体的补贴支出，增加了 50％，从 180 亿美元增加到了 270 亿美元。

面对这种情况，欧共体内部有过激烈的争论，从学者到政客。拥护补贴政策的人说，补贴政策，大大促进了农业发展，大大提高了食物自给率，保障了粮食安全，是很成功的政策。主张改革的人说，这个政策造成了过剩，导致大量补贴，补贴是浪费，应该取消或减少，出路在于提高生产效率，提高竞争力。

结果是，1992年，进行了一次改革。这次改革的最大创新，是首次引入了直接补贴措施。但改革并不彻底，仍然保持原政策体系不变，只是把保护价水平降低了一些，同时给农民提供相应数额的直接补贴。由于降价幅度不大，因此，并没有从根本上解决问题。

高过剩和高补贴压力，世贸组织谈判压力，再加上欧盟东扩，一系列因素，终于促使欧盟对农业补贴政策进行了颠覆性改革。改革决定是2003年通过的。根据改革决定，欧盟全面取消了原来的保护价收储政策，而代之以单一的"脱钩补贴"政策。

所谓的"脱钩"，就是补贴与生产什么、产量多少、市场价格高低等，均不再关联，不再挂钩；补贴只与基期土地面积多少有关，根据面积进行定额补贴。2003年，是欧盟农业补贴政策的一个重大分水岭。从此开始，欧盟的农业政策比起美国，变得更为市场化。

这项政策实行之后，效果很好。首先是大大减少了财政补贴压力，现在农业补贴在欧盟总预算中的比例，已经降低到40％以下；市场机制配置资源更合理，欧盟的农业更有竞争力，欧盟的市场价格与世界市场价格之间，不再有政策性壁垒；补贴属于绿箱政策，不再有WTO贸易争端，等等。

2013年，欧盟又对上述政策进行了进一步的调整完善，确定了2014—2020年的政策方向、补贴标准和补贴预算总额。7年的预算总额是4 080多亿欧元，平均每年580亿欧元左右。其中约78％用于农业直接补贴，其余22％用于农村发展。

改革的总体方向保持不变，仍然实行脱钩补贴，更加强化了补贴对土地的关联性，要求农民注意保护土地和环境；更加突出市场导向，取消了对食糖、葡萄酒的生产限制；在直接补贴和农村发展的两类补贴资金使用方面，允许在一定幅度内相互替代使用；等等。

欧盟的直接补贴，按照全部成员国平均计算，为每公顷 260 欧元，相当于每亩 130 元人民币左右。欧盟各个成员国补贴强度（每公顷土地补贴金额）有很大的不同。在原有的 17 个成员国中，葡萄牙最低，为 174 欧元，希腊最高，为 544 欧元；而在新增的 12 个成员国中，立陶宛最低，为 83 欧元，马耳他最高，为 494 欧元。

补贴强度不同，是因为各个成员国的补贴总量，是根据改革前的基期补贴数额确定的。2013 年制定的改革目标，是到 2020 年时，把目前的差距程度减少三分之一，把补贴额度最低国家的水平提高到每公顷 200 欧元。

欧盟的直接补贴政策，具有突出的优点：一是真正实现了市场定价，价补分离；二是极为简便易行，高度透明；三是财政支出可控，提前早知道——农民早知道，政府也早知道；四是属于绿箱政策，没有贸易谈判纠纷。

欧盟的直接补贴中，绝大部分是采用脱钩补贴的方式。但由于各种特殊原因，也仍然还有很小的一部分，不到 5%，还是挂钩补贴，即与特定的产品生产挂钩。主要是少量特殊产品，例如，对于甜菜，一方面限定生产定额，另一方面对定额内的生产，实行最低保护价（每吨甜菜 26.29 欧元），超出定额的不予补贴。另外，在一些特殊的地区，对棉花还有一点挂钩补贴。

就我个人的感觉而言，欧盟农业政策改革最值得称道的效果，也许应该是，其大大提升了国际竞争力。30 年前，欧洲内部的小麦市场，是要靠高进口关税保护的。而 2017 年 8 月，欧盟小麦的价格，每吨只有 140～170 欧元，折合人民币为 1 100～1 300 元。这是 30 年前无论如何也想象不到的。

18. 我国粮棉价格补贴困境何在

作为发展中国家，给农民发这么多的补贴，我国可能是唯一的特例。这也可以视为中国特色社会主义在农业上的具体表现之一。

总体而言，农民是弱势群体；以补贴照顾弱势群体，是正当的，合理的，应该的。只是，如果补贴的方式不够妥当，则会在农民受惠的同时，还会引发一些问题。当这些问题变得突出之后，补贴就陷入了困境，进退两难。这些年，我国的粮棉补贴政策，就经历了这样的过程。在棉花、玉米方面，进行了突围性的探索，取得了初步成效，但也还存在一些问题；而在稻谷、小麦方面，则止于原地，仍然有待拿出破解方案。

目前的困境，主要表现是什么呢？

从 2004 年开始，我国对粮棉先后实行最低收购价政策和临时收储政策，叫法不同，原理上一样，都属于保护价收购政策。政策出台的背景，是供给短缺；政策出台的目的，是保障生产。

开始的几年，是只有政策，没有行动。因为，保护价，也就是最低收购价，定得比较低，大概相当于市场价格的 70%（与美国实行的最低收购价 Loan rate 的情况相近，只是 Loan rate 与市场价格比较，更低一些，均在 60% 以下）。保持在这样的水平上，既起到了一定的托底作用，也不需要实际收购。

后来，从 2008 年开始，保护价水平连年不断提高。2007—2014 年期间，玉米的保护价（临时收储价），从每斤 0.70 元，提高到 1.12 元，涨幅70％；小麦的保护价（最低收购价），从每斤0.69元，提高到1.18元，涨幅71％；早籼稻的保护价，从每斤0.70元，提高到1.35元，涨幅93％。

保护价水平的大幅度提升，使得保护价的性质发生了变化：从最初的托底价格，或者叫地板价格，成了天花板价格，远高于国内市场均衡价格，更高于国际市场价格；从保障生产为目的，变成了保障收入为目的。结果，就产生了问题：国内生产过剩，进口大量增加；国家仓储爆满，财政补贴剧增，不堪重负；市场价格关系不顺，让收储加工企业无所适从，经营困难。

过剩问题，实行保护价收购政策的产品无一幸免，包括稻谷、小麦、玉米和棉花，而以玉米尤甚。玉米种植面积在2007—2015年间增加了30％；玉米产量从1.52亿吨增加到2.25亿吨，增加了47％。玉米主要用途是作饲料，同期肉类生产仅增加了26％。也就是说，每年增加的玉米中，只有一半多点被畜禽生产增加所消耗掉了，其余的基本就是过剩，被国家收储了。连续几年累计下来，就是个巨额数字了。

雪上加霜的是，国内玉米价格太高，极大地刺激了进口：仅2015年一年，玉米和各种饲料的进口就超过4 000万吨。进口饲料替代了国内玉米，加剧了国内玉米过剩。在某种意义上说，我国的保护价政策，也保护了出口国的农民。据估算，我国财政仅仅用于粮食库存管理和收购资金利息方面的补贴，每年就达250元/吨左右，每年补贴总额达数百亿元乃至上千亿元。如果再考虑质量损失，补贴就更多了。

鉴于此，2014年提出了改革思路，要建立农产品目标价格制度，先拿新疆棉花以及东北和内蒙古大豆做试点。试行之后，取得了一定的效果。主要是实现了市场定价，市场价格大幅度降低，减少了进口棉花冲击。棉花进口从500多万吨，降低到100多万吨。

目标价格补贴政策，是从美国学来的。但由于国情农情的不同，具体实行过程并不顺畅：一是计算每个农户的补贴额，操作层面十分复杂；二是财政补贴支出大，显著超出预期；三是国家支出巨大，但农民却还是不太满意，总认为目标价格定得低了，希望更高些。

根据棉花试点，发现目标价格补贴这条路，困难多，难以推广。于是，又开始了新探索。2016年，对玉米政策进行改革，取消了国家收储，同时，对农民进行直接补贴。这与棉花政策，有相同之处，都是市场定价；但补贴方式不同，玉米没有定目标价格，与市场价格不直接挂钩，而是确定了一个固定补贴额，按照面积进行补贴。

这项改革，力度很大，表现为价格降幅较大，执行中却比较平稳，成效显著。最直接的效果，是既抑制了进口，也减少了国内过剩生产，一些不太适合种植玉米的地方，已经改种大豆或小麦。

现在，只有稻谷和小麦，仍然保留着最低收购价政策。玉米曾经遇到的问题，稻谷和小麦都仍然存在。就稻谷的情况看，进口应该是稻谷过剩的主要原因。近5年来，即2011—2016年，稻谷生产增幅为2.9%，平均每年增长0.6%。同期全国人口增幅为2.6%，平均每年增长0.5%。也就是说，稻谷生产的增长，基本上为人口增长所消化了，过剩很少。

而进口，5年来合计为1 416万吨。按照70%的出米率折算，就是2 000多万吨稻谷。此外，边境贸易存在着大量小规模分散化的大米走私，有人推测与正式进口数量相当。果真如此的话，合计起来，由于进口的挤压，国内稻谷中，有4 000多万吨被送入国家储备库。只要不解决国内价格过高问题，合法的进口难以制止；非法的走私，因其高度分散性，也难遏止。

此外，过高的保护价，也严重扭曲了市场的产销储加关系，不能形成合理的产销差价、地区差价、季节差价和质量差价。例如，保护价没有季节差价，因此，大家都不愿意储备，都想现用现买，这使得储备的压力全压给国家了。又如，保护价收储做不到按质量分等分级单收单储，优质不能优价，不利于产品品质提升。还有，产区和销区也常常出现价格倒挂，严重阻滞了正常的流通，等等。

玉米市场定价改革之后，较好地解决了这些问题。稻谷和小麦，是下一步改革的焦点。由于大米和小麦是主粮，更为敏感，因此，改革就更复杂一些。但无论怎样复杂，改革都势在必行。不改革，就无法摆脱困境。十九大报告要求"完善农业支持保护制度"，意义即在于此。

19. 我国粮棉价格政策如何改革

我国粮棉价格政策的改革，现在的焦点是稻谷和小麦。理清了稻谷和小麦改革的思路，玉米、大豆和棉花问题，就可以一并解决。

改革的目标，有三个：第一，解决市场平衡问题。这就是要解决过剩问题，解决进口过多问题，解决库存太多导致的巨额财政负担问题，解决保护价太高导致的产销储加不顺畅和产品质量问题等。第二，确保粮食安全问题。这就是要确保不因为价格政策改革，引发国家粮食安全问题，在解决当前过剩的同时，确保未来粮食安全不出问题。第三，解决好农民收入问题。这就是要考虑改革对农民收入的影响，要找到一种适当的方式，给予农民补偿，并且不影响市场定价，不影响市场配置资源，财政上要可控，还要简便易行。

解决这三个问题，需要三句话：让市场发挥资源配置作用，解决眼前的供求平衡；让政府发挥更好作用，保障未来的供求平衡；用脱钩补贴方式，照顾农民收入。

第一句话：让市场发挥资源配置作用，解决眼前的供求平衡。这是改革的核心。具体可以借鉴美国 Loan rate 的做法，即：保留稻谷、小麦的最低收购价格政策框架，但要降低价格水平，降低到国内和国际市场价格之下。可考虑降低到正常市场价格的 80% 左右，主要是起个托底作用，只有特殊情况下才启用。如果做到了这一点，那么，库存负担问题就不复存在，各种合理的市场差价也就自然生成，购销储藏加工关系也就顺畅了。现有的库存，可以慢慢消化。

第二句话：让政府发挥更好作用，保障未来的供求平衡。未来的事，长远的事，往往是市场机制解决不了的，必须由政府操心。这就是要加强粮食生产能力建设。落实好"藏粮于地、藏粮于技"的理念，是根本出路。不说别的，只要把现在每年数百亿元的储藏补贴，拿出一部分来，用于改造农田建设，提高地力；用于加强科技研发，提高技术进步率，就会大有奏效。欧美国家农业生产能力强大，所以，国家不用储存，也无粮食安全之忧。藏粮于库，只能平抑短期丰歉；藏粮于地、藏粮于技，才能确保长远粮食安全。其实，近些年稻谷和小麦的增产，主要是地力提高和科技进步的功劳：近5年来稻谷的增产，90%来自单产提高；小麦的增产，100%来自单产提高。未来，也仍将如此。进而言之，如果有一天粮食有出现短缺的苗头，只要生产能力在，市场就会立刻做出反应，价格上涨，刺激生产者，潜在生产能力就会变为现实，实现增产。

第三句话：用脱钩补贴方式，照顾农民收入。降低最低收购价之后，应该给农民适当的补贴，可采用直接补贴方式。具体可以借鉴欧盟的脱钩补贴政策，即：按照承包土地面积，不分产品类别品种，统筹所有作物产品（包括棉花、大豆、玉米等），实行统一的土地补贴。补贴名字可以叫农地补贴，或者农地保护补贴。现存的粮食直补、良种补贴、农资综合补贴以及棉花目标价格补贴等，均可归并到这项补贴中。

这种做法，与欧盟的脱钩补贴相似，具备其全部优点：一是市场定价，价补分离；二是极为简便，高度透明；三是财政支出可控，提前早知道；四是属于绿箱政策，没有贸易谈判纠纷。

在具体操作层面，有一些细节问题。

第一，补贴是否分产品？不应该分产品。要把所有的产品，包括棉花、大豆、玉米等的补贴，均纳入统一考虑，实行统一的土地面积补贴。如果仍然按照产品，按照种植稻谷、小麦或玉米的面积分别进行补贴，一方面太复杂，操作成本极高，乃至不可能；另一方面，有违市场定价原则，不利于资源的有效配置。按照承包地面积补贴，极为简单，高度透明，完全可控。另外，社会心理效果也更好：如果与某种产品挂钩，农民会把这当做政府的要求条件，就会一边拿补贴，一边还抱怨补贴太少，就像新疆的棉农；如果不与产品挂钩，农民想种什么就种什么，还都能拿补贴，就能更直接感受到国家对农民的关怀和恩惠。

第二，补贴多少？这是完全可控的，可根据财力情况，灵活决定。从公平的角度，可以考虑按照播种面积，即把复种指数的因素考虑在内。也可以对农民收入很低的西部省份或者边疆地区如新疆，采取特殊的补贴标准。有财力的东部沿海地区，也可以在中央财政补贴之外，进行配套补贴。或者，对于东部沿海发达地区，国家只制定最低补贴标准，而由地方财政出钱执行。

第三，补贴给谁？应该补贴给有承包权的农户。很多人纠结于到底应该补给谁，是给实际种地的人（租地的大户或规模经营企业），还是给有承包经营权的农户？主张补贴给种粮大户或企业的人，认为这样会鼓励规模化生产。其实，在市场机制下，补贴给农户，与补贴给种粮大户或企业，效果是一样的。因为，补贴给不同的人，地租会自动调整。从经济学原理说，是这样；从实际经验看，也是这样。例如，东北把玉米补贴发给农户，就出现了这样的情况：补贴之前，每公顷的地租是一万元，补贴之后，地租降低到了 6 000 元。补贴给谁，效果大致相同，但操作办法难易程度很不相同。农户的承包地面积，高度透明，确定不变，不需要每年进行任何测量或统计。而如果补贴给种植大户或者规模企业，则需要每年调查统计，很复杂，也容易引发各种问题。

第四，补贴之后，出现撂荒怎么办？应照样补贴。不少人担心，如果不与产品生产挂钩，农民会大量撂荒土地。这种担心，没有必要。首先，大量撂荒，是不可能出现的。其次，如果真的有撂荒，也不可怕，

三农思法

而应该欢迎。因为，只有当市场价格太低时，也就是产品出现过剩时，才有可能出现撂荒；这个时候，撂荒，就相当于减少过剩，相当于休耕，休养地力。这也是一种藏粮于地，并且是农民自愿的，何乐而不为？

20. 如何才能让农民收入持续增长

　　2016 年临近春节时，我接触了几个在京务工的农村人。第一个，是家政小时工，一个川妹子，丈夫也在京务工。我问她：春节回家吗？回答是，回家。我接着问：买到票了？回答是，不用买票，开车回去。第二个，是中医诊所按摩的小伙子，三十出头，河北人，同样的问题，同样的回答。

　　我感觉有些意外，于是，专门走到小区门外的擦鞋店中，对仍然在岗的河南小伙子，问了同样的问题，得到的回答，居然也是一样的！我不禁大奇，把这个事，在大学同学微信圈中分享了。北美的同学表示怀疑，问：他们哪里弄到的汽车牌照？我也一愣，是啊。春节过后，我把这个问题，逐一问了那三个人，得到了一致的回答：河北牌照。

　　后来，查了下国家统计调查数据，得知：2016 年，农村居民平均每百户拥有汽车 17 辆，计算机 28 台，移动电话 241 部……这样看来，我遇到的上述情况，尽管有些特殊，但也不乏基础；他们都属于那 17％的部分。

　　消费水平的提高，是收入水平提高的结果。我国农民收入持续不断提高，是不容置疑的。全国平均看，近 10 年来，农村居民人均收入显著提高：从 3 587 元，提高到 12 363 元。扣除物价指数后，10 年增长了 1.5 倍。

　　现在很多人谈农民收入时，关注较多的是城乡差距、地区差距等。从社会公平的角度看，这是有意义的。不过，从解决问题的角度看，仅仅说差距，是不够的；根本问题还是，有哪些途径，能够让农民收入持续增长。

先看看农民收入的来源构成及其变化趋势。2006—2016 年间，工资性收入（也就是外出打工收入）增加最多，从 1 375 元增加到 5 022 元，比例提高为 41%；农牧业生产净收入从 1 521 元增加到 3 270 元，比例下降为 26%；二、三产业净收入从 410 元增加到 1 472 元，比例保持为 12%；财产性净收入从 101 元增加到 272 元，比例下降为 2%；转移性净收入从 181 元增加到 2 328 元，比例上升为 19%。

未来，增加农民收入的主要途径何在？最主要的，还是两个方面：外出务工收入和农牧业生产收入。

外出务工收入，在过去 10 年中，对农民收入增长作用最大；其在农民收入中的比例，已经远远超过了务农收入，成为最高的。未来，这仍然是农民持续增收的最主要希望所在。

外出务工收入的增加，无非是两个因素：外出务工人员数量增加；工资水平提高。这两个方面，都受着整个经济发展形势的制约，也受着农民工本身情况的制约。近年来，农民工增长的速度明显变慢，已经连续三年低于 2%。农民工工资增速也变慢，2016 年为 6.6%，为"十二五"期间平均增速的一半。

农民工的受教育情况，也日益成为限制条件。目前农民工中受过高中以上教育的，仅为 26%，还有 14% 的为小学以下文化程度。一方面，不断有新工作出现，对从业者教育水平要求更高；另一方面，即便是原有的工作，复杂程度也越来越高，技术要求越来越高，仅仅靠体力，已经不行了。不仅仅制造业如此，家政服务业等，也是如此。

因此，从长远看，提升农村教育水平和质量，是提升农民工就业的关键因素。这就是要落实好党的十九大精神，推动城乡义务教育一体化发展，普及高中阶段教育，使绝大多数城乡新增劳动力接受高中阶段教育、更多接受高等教育。

务农收入，在过去 10 年中，尽管也增加了 1.1 倍，但显著低于务工收入的增长速度。结果，所占比重大大下降，从 42％下降为 26％。

务农收入，取决于两个因素：全国农业的净产值总量；务农人数总量。前者是分子，后者是分母。分子，要越大越好；分母，要越小越好。未来务农收入的发展，要做的事，还是要尽力做大分子，尽力减少分母。这其实也就是不断提升农业劳动生产率。党的十九大报告中提出，在劳动生产率提高的同时实现劳动报酬同步提高，是非常科学的重要论断。

减少务农人员总量，不容易，这取决于城市经济和农村非农产业发展。近 10 年，农业就业人员从 3.2 亿减少到 2.2 亿，平均每年减少 1 000 万人，主要是外出务工。现在，外出务工人员的增速已经明显变缓，2016 年，只增加了 424 万人。减少人数的意义，在于扩大农业经营规模，提高劳动生产率。

净产值的增长潜力，对于大田种植业、养殖业来说，就全国总体而言，十分有限。产量增加时，产值不一定增加——因为需求弹性小；质量提升时，只有部分农民获益——因为，如果大家都提升了质量，就没有质量溢价了。同时，价格方面，也有上限，这就是国际市场价格。因此，增加经营规模，非常重要；只有增加规模，才能从根本上提高劳动生产率，提高国际竞争力（即增收能力）。

净产值的增长潜力，对于园艺业、丘陵山区特殊种养业、乡村旅游休闲度假业来说，比较大，或者说很大。最主要的原因是，需求弹性比较大，农业资源比较充足，受国际市场的制约很小或者几乎没有。这些领域，是未来农民收入增长的重点，要努力发掘潜力。

农村的二、三产业，包括农产品的收储运输加工销售企业等，也是农民收入的重要组成部分。受各种制约因素，其增长速度不可能很快。

未来，仍会大体保持平均增长速度。

　　财产性收入，主要是转让土地经营权租金净收入、出租房屋收入和存款利息收入。今后，随着土地经营权流转加快，土地租金收入会有所增加。

　　转移性收入，近10年来，增幅很大，人均增加2 147元。这比农牧业净收入增加额还大。这有特殊性，主要是各种惠农补贴政策，包括各项农业补贴、直接到户扶贫资助、最低生活保障等政策的出台和强化。在不同区域和不同农户之间，差别较大。也不排除统计调查偏差的存在。今后，这方面有不确定性，难以持续性较大幅度增加。

　　党的十九大提出实施乡村振兴战略，令人鼓舞，而如何让农村居民收入水平可持续快速增长，是重点，也是难点。坚持农业农村优先发展，实现城乡融合发展，是根本出路。

21. 精准扶贫中的中国力量何在

　　不久前，中央电视台农业频道拍摄了一部精准扶贫纪录片，组织了一次精准扶贫研讨会。纪录片和研讨会均以"中国力量"为关键词。研讨会高大的背板上，"中国力量"四个红色书法大字，遒劲有力，占据了三分之一的板面，极具冲击力。

　　在精准扶贫中，中国的力量何在？我们要靠哪些力量，去打赢这一场精准扶贫的攻坚战？我想，可以概括为三个方面：政府主导推动，社会力量参与，农民自己努力。

　　政府主导推动，首先表现在党和政府极为重视。习近平总书记指出：消除贫困、改善民生、逐步实现共同富裕，是社会主义的本质要求，是我们党的重要使命……坚决打赢脱贫攻坚战，确保到 2020 年所有贫困地区和贫困人口一道迈入全面小康社会。

　　在此要求下，国家制定了全面的脱贫攻坚战略和工作部署，并层层下放落实责任，到各级政府。各级政府的推动，是全面的，包括统筹发动、规划部署、对口帮扶、专项支持、驻村指导等等。可以说，我国在脱贫攻坚方面，充分发挥了中国特色社会主义的优越性：我们已经做到和正在做的事，没有其他哪个国家能够做到。

　　社会力量参与，十分重要。尽管政府主导推动，作用巨大，但是政府也不可能包揽一切。尤其是在产业扶贫方面，社会力量的参与，是不可或缺的。社会力量，可以概括为两大类：企业类，公益类。

　　企业类，是指各种营利性企业。也包括各种合作社，因为很多搞得好的合作社，都有企业的参与牵头。企业参与扶贫，既让农民脱贫致富，企业本身也得以获利发展。企业参与的意义是，农民自己难以解决的事，政府也无法直接做的事，企业可以做，并且可以做得很好。农民种植的产品，经常会质量不一，出现销售问题，价格也容易大起大落，造成收入很不稳定。企业的参与，主要是建立储藏加工设施，收储加工农民生产出来的产品。通过现代储藏设施，延长产品储藏时间，能够平抑产品价格波动，稳定收入；通过精深加工，能够增加产品的附加值，提高收入。同时，在这个过程中，企业通常会针对市场需求，对产品提出一定的质量标准规范要求，并对农民提供相应的技术指导和技术服务。这方面的案例非常多。

如何看待企业在产业扶贫中的获利呢？只要企业遵守基本行业规范，只要农民满意，能够脱贫致富，就是合理的。企业获利，也是必要的：只有能够获利，企业才有积极性，产业扶贫才能可持续发展。像正常的商品经济关系一样，这是双赢，不是零和。参与产业扶贫的企业，通常也会有较好的自我约束，因为，扶贫的事，政府和公众都高度关注，不能出差错。当然，企业在这个过程中，要尽可能照顾农民的利益。有些参与产业扶贫的企业，还会自愿做一些慈善公益性捐赠。

公益类，主要是各种公益组织和志愿者，包括高校和科研院所等。主要的方式，是技术推广服务，是人力和智力投入。长期以来，农业高校和农业科研院所，在教育扶贫、技术扶贫方面做了大量工作，在产业扶贫方面，发挥了不可替代的重要作用。这方面的典型案例不可胜数，只是，获得了广泛宣传表彰的人很少，而默默无闻地做着奉献的教授、研究人员和学生们，很多。

深入贫困地区，发现农民需要，针对具体问题，进行创新，这是高校和科研院所扶贫的重要特征。一个小例子：西藏牧区的几十万牧民，至今仍然要靠牛粪取暖做饭；牧民妇女背着背篓捡拾牛粪，每天要艰辛劳作几个小时。中国农业大学工学院的青年教师和学生一起，发明了高原捡拾小车，简单实用，比原始人工捡拾效率提高 5～10 倍，并且极其轻便省力，把牧民妇女从祖祖辈辈相传的艰苦劳作中，彻底解放了出来。2017 年，一个企业出资生产了 1 000 辆这样的捡拾小车，捐献给藏区牧民，受到了牧民的极大欢迎。

农民自己努力，也极端重要。政府的全面推动，社会力量的积极参与，都不能代替农民的自身努力。否则，就成了单纯的输血了，不可能实现彻底的脱贫。

有人说，扶贫先扶志，治穷先治愚。贫困地区的人，尤其是深度贫困地区的人，在精神面貌方面，肯定有些特征。愚，在这里，不是含有感情色彩的贬义词，而只是客观描述；字典里边说，愚的本意，就是指与世人接触很少的人，消息闭塞，性格孤僻。偏远贫困地区的农民，本来眼界、见识、进取精神等等就先天不足。好不容易培养出一些受过初中、高中教育的年轻人，有了些眼界、见识和进取精神，结果也大都外出打工去了。受过大学教育的农村子弟，毕业后回到农村务农的也不多。

因此，在精准扶贫中，既不能脱离实际，对贫困农民提出过高要求，也要想出有效办法，把他们的积极性充分调动起来。除了一般性的宣传培训之外，更要注意在设计项目时，要选择当地贫困村民会做的，能做的。此外，一个很有效的办法，是让村民自己相互带动。例如，我校的一位教授带领团队里的师生，在云南河边村进行扶贫试验，推动把一个偏远原始破旧的瑶族山寨，改造得面貌一新；那些镶嵌在热带雨林中的几十座崭新的瑶族小木楼，就是在专家的指导和示范之下，村民们自己动手改建起来的。当周边的邻居们都动起来，靠自己的力量，把破楼改建成美丽的新楼时，那些怠惰而"愚"的人，也就坐不住了……

从长远角度看，扶志治愚，还是得从教育入手。提升义务教育质

三农思法 量，扩大职业教育规模，增加农村高中入学率乃至普及高中教育，是努力方向。党的十九大报告提出，普及高中阶段教育，使绝大多数城乡新增劳动力接受高中阶段教育、更多接受高等教育。要彻底根除农村贫困，不断提高农民收入，这是长远大计，是根本之策。

22. 农业农村进入新时代的重大变化有哪些

　　党的十九大报告中，提出了一个重大论断：经过长期努力，中国特色社会主义进入了新时代，这是我国发展新的历史方位。

　　作为重中之重的农业农村，理所当然地，也进入了一个新时代。那么，进入了新时代的农业农村，到底有哪些重大变化和重大特征呢？弄清这些，对于推进未来的发展，具有重要意义。

　　新时代的到来，是个由量变到质变的过程。独立地看某一年，似乎也没有什么。但是，如果我们把回顾的目光放远一点，例如 10 年，做一番前后比较，我们就会蓦然发现，原来不知不觉中，已经有了那么多那么大的变化。

　　首先，就是国家的支农惠农政策，前所未有。10 多年前，农民缴税是天经地义的事；而现在，农业补贴，已经成为常态，成为理所当然。各种农业补贴政策，五花八门，不断出新，以至于两会期间，代表委员们谈到农业问题，几乎必提补贴建议——补贴成了不言而喻的事。放眼世界，没有哪个发展中国家，有我国这样的农业补贴种类和补贴水平。其实，在某些补贴方面，我们也超过了欧美发达国家。

　　农业科技，成为主要驱动力量。10 年间，农业科技进步贡献率从 47％提高到 57％。主要作物单产提高幅度是：小麦 26％，玉米 11％，稻谷 10％，棉花 31％。水果、蔬菜和畜禽产品，生产效率的提高幅度更高。

农业装备，日益现代化。农业机械化程度显著提高，10年间，全国耕种收综合机械化水平从36%提高到66%。无人机、物联网等引领性的先进技术，也在兴起。这大大提高了劳动效率，降低了劳动强度，并且更好地满足了农时要求。

生产集约化程度，显著提升。通过土地流转集中以及各种组织化方式，农地经营规模不断扩大；在畜牧生产方面，集约化的进程更快。最传统的畜禽饲养方式，三两头猪，十几只鸡，已经很难找到了，等等。

以上这些因素共同作用，使得我国农业生产能力显著提高，粮食安全在更高水平上获得保障。近10年来，我国人口的增长幅度为5%，而主要农产品的生产增长幅度为：粮食28%，油料15%，糖料32%，肉类24%，蛋类23%，奶类36%，水产52%，水果70%。显然，主要农产品生产的增幅，均远远超过人口增长的幅度，是人口增幅的3～14倍。所有主要农产品的人均占有数量，均明显提高。中国人的饭碗问题，比以往任何一个时候，都获得了更可靠保障。

农民生活水平，走向富裕。近10年来，农民人均收入，从3 587元，提高到12 363元。而农民家庭生活消费水平的提高，更为显著。农村居民家庭的恩格尔系数，已经从10年前的43%，下降到2016年的32%。根据联合国的划分标准，恩格尔系数40%～50%为小康，30%～40%属于相对富裕，低于30%就属于富裕了，是一般发达国家的水平。从实际消费水平看，2016年，农村居民平均每百户拥有汽车17辆，计算机28台，电冰箱90台，移动电话241部……所有这些，在10年前，很少有人能够预想预测到。

外出务工，成为农民增收的最主要因素。外出务工人数增多，工资水平提高，两方面的合力，使得务工收入超过农业收入，已经成为农民收入的第一大来源，比重为41%。再加上农村非农产业的收入，非农收入贡献率已经达到了53%。

农业劳动生产率显著提高，超过 GDP 增速。近 10 年中，全国人均 GDP 增长了 2.2 倍，而农业劳动生产率增加了 3.0 倍。农业劳动力更少了，从 3.2 亿人减少到 2.2 亿人，而所创造的农业增加值总量却更多了，是原来的 2.7 倍。

农村的设施和环境，大为改善。尤其是在道路交通、供电供水等方面，有了根本性的变化。农村生态环境治理，美丽乡村建设，这方面的理念日益普及，深入人心，涌现出了一批先进榜样。农村义务教育、医疗设施、社会保障制度等，也进入了不断提升质量和水平的阶段。

同时，与上述的重大变化相伴而生，也出现了一些新的重大挑战。

工业化城市化发展对农业的压力，日益凸显。工业化城市化快速发展，必然从两个方向给农业压力：一方面，要占用更多的农业资源；另一方面，对农业生产提出更高要求。两个方面压力综合起来，构成了未来我国农业发展的最大挑战：如何用越来越少的农业土地、越来越少的水资源、越来越少并且越来越贵的农业劳动力，生产出更多、更好、更安全的农产品。这需要奇迹发生。我国农业现代化的任务，就是要创造这个奇迹。

劳动力成本的不断提升，成为一种必然。劳动力价格昂贵，是发达国家的共同特征，也符合劳动价值论；现代化的过程，必然是劳动者收入不断提高的过程。我国农产品进口保护程度普遍较低，进口产品的低价格，将构成我国农业劳动成本上升的天花板。低价进口的压力来源，既有劳动生产率很高的发达国家，也有劳动力成本很低的发展中国家。我国的出路，只能是不断提高劳动生产率，而不可能再回到低劳动成本的历史状态。

国际市场对国内市场平衡的影响，空前密切。在全球一体化的大背景下，我国的农产品国内市场，与国际市场的关联性日益密切。我国农产品贸易额已达 1 850 亿美元，农业外贸依存度为 20%。更重要的是，现在考虑国内市场和补贴政策时，必须高度重视国际市场因素。否则，就会出问题。近年来的粮棉市场情况，已经给了我们足够的警示。

宏观经济的发展态势，制约作用重大。我国农业增加值在全国GDP中的比例，已经降低到 8.6％了。而农业劳动力占全国劳动力的比例，却仍然高达 28％。这两个比例数字的偏差，是农村居民收入低于城镇居民收入的基础性原因。根据恩格尔定律，未来农业在 GDP 中的比重将继续下降。实际上，沿海一些发达地区，如上海和北京，已经低于 1％；天津、浙江、广东等已经低于 5％。宏观经济的发展态势，决定了吸纳农民工的能力；而加快农业劳动力向外转移，是提高农业劳动生产率之必须，是提高农民收入之必须。

总之，在新时代中，农业农村仍是基础，仍有短板。党的十九大强调要实施乡村振兴战略，原因即在于此。落实乡村振兴战略，需要坚持农业农村优先发展，需要深化供给侧结构性改革，需要强化农业农村的创新发展动力。

23. 农业农村优先发展的
动力是什么

党的十九大报告提出实施乡村振兴战略，提出要坚持农业农村优先发展，提出了产业兴旺、生态宜居、乡风文明、治理有效、生活富裕的总要求。十九大报告还强调：创新是引领发展的第一动力。对于农业农村发展来说，创新，同样是第一动力。

引领农业农村发展的创新动力，主要可以归纳为四大类别：政策创新、技术创新、组织创新、业态创新。政策创新方面，政府是直接的创新主体；而其他三类创新，政府不是直接的创新主体，但要对社会创新主体提供体制机制、指导引导、经费支持等方面的服务。

政策创新。又可以分为两大类：不需要政府出钱的，需要政府出钱的。不需要政府出钱的，是一些基本制度，具有长期性和稳定性。其中，最根本的，是土地制度。对此，十九大报告明确提出了两点：完善承包地"三权"分置制度；保持土地承包关系稳定并长久不变，第二轮土地承包到期后再延长三十年。这两点，均意义重大，影响深远。

承包地"三权"分置，是在保持集体所有权不变的基础上，实行了"两权"拆分，即把原来的承包经营权，拆分为承包权和经营权。这样，承包地在进行流转时，流转的仅仅是经营权，而承包权仍然在承包农户手中。这项政策措施的根本意义，在于较好地照应了我国农地的两种功能属性：对于农村居民的社会保障功能，对于农业生产的生产资料功能。

对于承包农户来说，当进行土地流转的时候，仅仅流转出土地经营权，而土地承包权继续保留在自己手上，这就让他们解除了土地流转的顾虑。这会更好地促进土地经营规模扩大，有利于推进农业现代化。

农户承包权，不能抵押或者转让，否则，就会出现大量失地而又无稳定工作的农民，这是城市贫民窟形成的基础。土地经营权，现在允许进行抵押贷款试点，这只是一种政策上的许可；具体实践中，是否实行，应该由金融行为主体双方自愿决定，政府不宜脱离金融规律，进行干预或强力推行。否则，会引发金融风险问题，最终还是要政府买单。

第二轮土地承包关系到期后，再延长三十年，对于承包农户和土地使用者来说，都是及时雨和定心丸。这对于稳定农村、培养地力、现代农业建设，都有重大推动促进保障作用。

当前最迫切的，是加快推进完成承包地确权登记颁证工作。越晚，矛盾就会越多越大。

政策创新的另外一个重大领域，是市场与补贴政策。农业是基础产业，农民是弱势群体，国家拿钱补贴，本是好事。但是，如果补贴方式不当，就会扭曲市场，妨碍市场配置资源作用，造成供求失衡，导致农业资源和国家财政资源的双重浪费。

完善农业支持保护制度，就是要按照市场定价、价补分离的原则，深化我国粮棉市场补贴制度改革，尤其是稻谷和小麦价格补贴政策改革。国家可用于支持农业的钱，总是有限的。政策创新的意义，就在于如何把国家有限的钱，花得更好，取得更好效果。

技术创新。这是农业现代化的根本动力。技术创新的领域很多，包括生物技术、资源技术、工程与装备技术、信息技术、储藏加工运输技术等。其中尤其是生物技术和信息技术，在农业上的应用前景极为广阔，可以起到增产、提质、节本、增收、保护生态等多方面的作用。

生物技术方面，焦点是转基因技术。习近平总书记曾指出，"转基因是一项新技术，也是一个新产业，具有广阔发展前景"，他突出强调，"一是确保安全，二是要自主创新。也就是说，在研究上要大胆，在推广上要慎重"。

现在，最急迫的事，也许还不是科普，而是科研。否则，费了很多气力，科普了多年，市场上还见不到我国自主知识产权的安全产品，科普就成了无用功。由于谣言和误导的影响，我国近年来转基因生物技术研究经费投入不增反减。同时，原有的研究项目，集中于很少的几种主要农产品，而没有考虑绝大多数农产品，这更是很大的不足，应尽早改变。

信息技术方面，近几年我国的农业物联网和无人机技术发展很快，有些方面已经有了很显著的效果。例如无人机植保技术，同人工喷药比较，效率高得多，效果很好，成本不高，大大降低劳动强度，并且保护了人体健康，推广应用的扩展速度很快。养殖方面的物联网技术，也发展较快。

组织创新。我国农业现代化过程中，最大的限制因素，是小农户生产方式。这种小规模生产，难以很好满足市场需求，尤其是规模化、标准化、高质量的产品供应要求。农业组织创新的主要目的，就是要解决好这种小生产与大市场的矛盾，通过各种不同的组织方式，扩大实际经营规模，提高资金筹措能力，拓展产业链收入。

根据产品特征不同，区域特点不同，实践中创新的组织方式有多种，如：公司加农户、农民专业技术协会、农民专一产品生产协会、农民合作社等。近年来，也涌现出了经营权流转、股份合作、代耕代种、土地托管、企业与农户合伙人制度等一些新的方式。所有这些方式，最终都表现为对现有小农户的组织、带动和提升。

与此同时，也出现了一些现代农业企业，其向产业链的上游和下游发展，最后独自成一个企业，就会形成三产融合的大规模现代农业企业。例如，有的肉鸡企业，经过多年经营，形成了涵盖全产业链的生产经营体系，包括种鸡饲养、仔鸡孵化、饲料配置、肉鸡饲养、肉鸡屠宰、分割加工乃至开办炸鸡店等。种植业方面，也有一些成功案例，例如集稻谷生产、加工、副产品深加工、稻米食品、国内国际贸易等环节于一体的大型稻米企业。

业态创新。农业的新业态，是一个较新的词语，包含内容比较宽泛。目前阶段，影响面较大的，主要是休闲农业和农业农村电商。前者通过更好地发掘农业农村资源的利用价值，把绿水青山变成金山银山；后者是利用现代信息网络技术，更好地解决好农业农村的双向物流问题。

在组织创新和业态创新方面，政府需要在制度建设、组织管理、规划设计、品牌建设、市场信息等方面，提供更多更好的指导、引导、培训等。

24. 农业如何落实绿色发展理念

党的十九大报告高度重视绿色发展，要求加快建立绿色生产和消费的法律制度和政策导向，建立健全绿色低碳循环发展的经济体系。

绿色，是农业的标志色；绿色发展，是农业发展的必然，是农业现代化的必然。农业绿色发展的重点，可以用四个关键词概括：保护、节约、利用、建设。

绿色发展中的"保护"，就是要保护好生态环境。主要是解决好过度垦殖、过度投入和动植物废弃物处理问题。

解决过度垦殖。包括过度开垦、过度放牧、过度养殖。长期以来，由于人口的压力，很多生态脆弱地区，也有了居民，于是就有了过度垦殖。例如，山区的陡坡地，造成水土流失；湿地的开发，破坏了生态系统；干旱半干旱地区的开垦，造成土地沙化和荒漠化；等等。

过度放牧，也造成类似问题。水面的过度养殖，则造成了水体的污染，包括内陆水体和沿海地区。例如，海南岛要建设成旅游岛，就必须要解决畜禽饲养和水产养殖造成的污染问题。在这方面，政府责任重大，要进行好科学规划，并严格执行。要宜耕则耕，宜林则林（包括果树），宜牧则牧，宜荒则荒……还给生态环境一个休养生息的机会。

解决过度投入。包括化肥和农药的投入。在1995—2015年，我国农用化肥施用总量从3 600万吨，增加到6 000多万吨，增幅为67%；按照播种面积计算，每公顷施用化肥折纯量从242千克，增加到362千克，增幅为50%。这是全国平均数，而有些省份远远高于这个数值。

北京市和海南省超过 600 千克，广东、福建和河南超过 500 千克，等等。

根据植物营养学家的研究，这个化肥投入强度，远超过作物需求，是过度投入的。同期，全国农药的施用量从 109 万吨，增加到 178 万吨，增加了 63％。化肥农药的过度投入，会污染土壤和水资源，也会污染农产品。

解决问题的根本途径是创新科技，同时加强技术推广应用，让农民相信并学会科学方法。中国农业大学资环学院的教授，创建了农家小院模式，研究和帮助农民科学用肥用药，实现了"两低两高"，即：降低了化肥农药投入数量，降低了生产成本，提高了单产水平，提高了农民收入。

解决农业废弃物处理。主要有三个方面：

一是作物秸秆焚烧问题。解决这个问题的途径是变废为宝，例如秸秆还田免耕，开发生物质材料，利用生物质发电或生产沼气等。

二是畜禽粪便处理。全国每年产生的畜禽粪污总量近 40 亿吨，养殖业排放物化学需氧量占农业源排放的 96％。这个方面的问题比较突出，解决难度也相对较大，尤其是生猪粪便处理。解决途径是两个方向：肥料化，能源化。通过沼气工程，可以一举两得：沼气可以发电或者纯化为生物天然气，沼渣可以处理生产出优质有机肥。此外，中小型养猪场和养禽场的布局，要考虑种养结合，以便就近把畜禽粪肥消化到农田和果园中。

三是农膜污染问题。短期内的重点，是要研发出高效率的回收技术；长远看，是研发出可降解的新农膜。

绿色发展中的"节约"，就是要节约资源。发展农业的最宝贵和最关键的资源，一是土地，二是水。

发展现代农业，提高土地单产水平，是节约土地的最有效途径。同世界先进水平比较，我国的土地生产率仍然有差距。如玉米单产，美国已经超过公顷 10 吨，我国不到 6 吨；小麦单产，欧洲许多国家在 9 吨左右，我国只有 5 吨多点；大豆单产，主要生产国都超过 2.8 吨，而我国只有 1.8 吨。

另外，设施园艺的发展也不可小觑，其对单位面积蔬菜和瓜果的产量，提升的程度更高。今后在提高土地生产率上，还需要做更多努力。

节约水的问题，同样重要。华北农业，几乎就是地下水灌溉农业，地下取水深度已经达到几百米了，很多地方地下水位还在逐年下降，多的每年下降一米以上。在西北地区，可以说，有多少水，就有多少耕地。

节约农业用水，需要采取全方位的措施。包括：工程技术措施如滴灌等，作物栽培技术如按生长期需要精准灌溉，生物技术措施如抗旱作物新品种，调整生产结构如种植需水少的作物等。调整种植结构，对华北地区，尤为重要；用深层地下水灌溉种植小麦，是不可持续的。京津冀小麦总产量只有 1 500 万吨左右，耗水量却比南水北调总量还多。大幅度调减京津冀小麦种植面积，代之以需水少的作物，已经是当务之急。在国家粮食安全方面，并不会有明显影响。

绿色发展中的"利用"，就是要搞好资源综合利用。

一是农业土地资源的综合利用，例如稻田养鱼、稻田养虾、光伏农业等。这实际上是在同一块土地上，同时进行不同的农业或非农业生产项目，也提高了土地的利用效率，只不过是表现为不同的产品。这方面的潜力较大，有不少效果显著的案例。

二是农业副产品或废弃物的利用。例如，利用秸秆和畜禽粪便生产沼气或发电。又如，规模化的稻谷加工厂，利用副产品谷壳，可以生产出木糖醇、吸附剂、甲醛等产品；利用米糠，可以生产出米糠油、脱脂饼粕等很多种产品。小龙虾加工过程中产生的虾壳等，也可以加工为饲料添加剂和其他产品。利用农业副产品，也可以生产出生物质材料，例如利用秸秆生产家具等。在农业副产品和废弃物的综合利用方面，潜力很大，随着科技进步和规模化生产加工的发展，这些潜力会得到更好的发掘。

绿色发展中的"建设"，就是要建设美丽乡村。讲农业，是脱离不开农村的。农业中的绿色发展，也脱离不开农村。

美丽乡村建设涉及很多方面，都不同程度与绿色发展有关。我觉得最突出的、最有难度的，是村庄环境的治理，尤其是两个方面：水污染的治理，生活垃圾的处理。只要池塘、河流是清澈的，看不到垃圾，闻不到臭味，农村之美，就有了关键基础。

总而言之，绿色发展，相容于现代化，需要现代化；绿色发展，需要新理念，需要科技支撑，需要政府支持。绿色发展之路，就是农业更强、农民更富、农村更美之路。

25. 如何推进美丽乡村建设

2017年5月初，我参加了全国政协考察团，到浙江，主题是考察美丽乡村建设。首先来到了安吉县的余村。就是在这里，在2005年8月15日，习近平总书记发表了"绿水青山就是金山银山"的重要论断。这十个大字，被雕刻到村头的一块巨大的立石上，更雕刻到了当地农民的心坎上。因为，总书记12年前的论断早已成为现实：农民们把石灰厂关了，改为乡村旅游。整个村庄的内外环境，面貌一新；1 000多人的村庄，2016年接待了30万游客⋯⋯农民和村集体的收入，都好几倍地往上翻。

美丽乡村建设意义重大，美丽乡村建设前景美好，美丽乡村建设任重道远。

中国要美，农村必须美。因为，建设美丽乡村，既是农民的需要，更是全体人民的需要。农村这个空间中的所有问题，包括生态问题、环境问题、教育问题、文化问题等等，影响所及，绝不仅仅限于农村人口自己，也包括了城市产业发展和城市居民生活。比如，水土流失问题、土壤污染问题、沙尘暴问题、水的污染问题等等，都通过大气或者食品等渠道，直接影响到城里人。

更进一步讲，在现代化发展的过程中，城市与农村的边界将日益模糊。在发达国家，尤其在欧洲，很难找到城市与农村的清晰边界。很多城里人，周末都到农村去度假；更主要的是，很多在城里工作的人，直接就住在农村，每天开着车到城里去上班。发达国家的这种景象，在我国发达地区已有呈现，将来会更加明显和普遍。

美丽乡村应该什么样？要"望得见山、看得见水、记得住乡愁"。望得见的山，应该是绿色的；看得见的水，应该是清澈的；记得住的乡愁，应该是触景生情，找得到当年的美好回忆，是对美好传统特色的保留。美丽乡村，就是大家都愿意来，来了就不想走，走了还想再去的地方；是一个大家愿意看，愿意住的地方。

我国幅员辽阔，地区差异巨大，建设基础不同，因此，各地美丽乡村建设，应是分头走，分步走。而对于所有的农村，首先要有个最基本的要求，有个普遍适用的目标。可以概括为：生活便利，包括道路、用水、网络等；环境清洁，包括河塘、村庄、院落等。那些基础条件好的地方，要求要更高一些：要更美丽，更具特色；要有更发达的设施，更周全的服务。实际上就是，景色与环境是农村的，而设施和服务是城市化的。

建设美丽乡村，需要多种力量的结合，包括各级政府、企业、农民组织等。其中，政府的力量，是关键的，是引领性的。尤其是在以下几个方面，政府的责任重大。

第一，把村落规划搞好。这是第一位的事。规划，可以有不同规模和不同内容。但是，最基本、最简单的规划，是村落或居住点的规划。在某发达省份，我见过两个村子，一路之隔。一个村有规划，房子新旧不一，但都建得整整齐齐的，道路、上下水、网络、绿化、垃圾收集等，一应俱全；而另一个村没有规划，农民的楼房，东一个，西一个，散布在田间，道路等所有的设施，都难以建设。开始时没有规划，等到感觉到问题，就已经晚了，进退两难，不改不行，改则代价巨大。规划要先行，落实也不难：路水电网络等公共设施，只修到规划的居住点；新建的房子，只批准到规划的居住点。十年二十年坚持下来，就成型了。居住点规划，要充分利用农村的荒坡地等。

第二，把道路修好。这是最基本的条件。要使得每一规划中的居住点，都有硬化道路相通。

第三，把污水治好。主要是污水和生活垃圾。我从观察中，得出一个结论：判断一个国家、一个地区的发达程度，不用看别的，看水就成。你到发达国家，无论是城里还是农村，看到的水基本上可以洗手和洗脸。这是因为，污水治理，涉及各个方面的因素，非常复杂，难度较大。能够把水治好，让水体清洁，别的方面，就不会差到哪里去。浙江不少地方，河流水质已经完全达到了这个标准。我国农村水体污染，极为普遍。不把污水治好，就难说美丽乡村。另外，就是对生活垃圾的处理。这个方面，不如污水治理那样难，已经有了"户收集、村集中、镇转运、县处理"的好办法。关键是户收集环节，要减量；最有效的措施，是把易腐烂的有机垃圾，农民自己分拣出来，就近在田野山林中处理了。其他的垃圾，主要是各种塑料包装垃圾等，收集运输比较方便。

第四，把房子盖好。盖房子，是农民自己的事。但是，政府也要管。农民在哪里盖新房子，政府要管；农民盖什么样的房子，政府也要管，或者说指导。改革开放以来，我国农民富裕起来，不断地翻盖新房子。很多地方农民的新房子，显著特点是"高、大、空"。高到四五层，房顶上再加一个尖顶；高了，自然就大，很多个房间；房子盖好了，钱也花光了，新房里边往往是空空荡荡，装修很差，也根本住不满。之所以如此，主要是传统陋习和虚荣攀比作怪，不讲实效。结果，很多地方的房子，土不土，洋不洋，既不好看，也不好用；既浪费土地，又浪费钱财。

政府要做的，是请优秀的建筑专家，设计出符合当地自然气候条件，符合地形地貌特点，取用当地建筑材料，凸显地方特色的房子来。再帮助建造出样板房，引导其他农民仿效。这方面，很多地方都有很好的经验了。例如，我国乡土建筑专家，利用生土为建筑材料，在甘肃庆阳建造的一所乡村小学，既节省造房子成本，仅仅相当于砖混结构的三分之二，并且具有冬季保温、夏季保凉的明显效果，与砖房的自然温度比较，可相差 5 度左右。该建筑项目与鸟巢、水立方和三号航站楼一起，获得了英国皇家建筑师学会的国际奖。但是，在国内获得的重视程度，好像不够。

26. 农业科研的特点是什么

生在农村，长在农村，小时候没有科技的概念，自然也不会想到种地还要科技。中学毕业当了农民，才略有所知。首先知道的是"八字宪法"，即"土肥水种密保管工"八个字所代表的技术措施，都是传统技术。

后来，第一次接触到现代技术，这就是杂交玉米。但是，印象并不好，杂交玉米同老品种比较，产量是高，但品质差，不好吃。政府强行推广，而以玉米为主粮的当地农民，想了好多办法，偷偷种一些老品种，自己吃；而把杂交玉米拿去交公粮。

当时，无论如何也想不到，很多年之后，会吃到那么美味的杂交玉米——甜玉米和爆米花；更不可能想到的是，我会服务于一所大学，这所大学的玉米研究位居世界前列。

40年来，我国农业科技进步的显著表现之一，就是把当年遥不可及的粮食亩产目标"上纲要，过黄河，跨长江"（分别是400斤，500斤，800斤），不仅实现了，而且又加了一番多。

如此巨大的成就，广大农业科研人员功不可没。我多年从事工作的性质，就是为农业科学家服务，是个近距离的农业科技旁观者。科学家是伟大的，而农业科研的若干特点，让农业科学家更令人肃然起敬。

第一个特点是长期性。通常，重大的科技成果，都需要较长的研发时间。而农业科技成果，尤其普遍如此。主要原因是：研究对象是生命体，有自然成长周期，无法通过加班加点，或者组成几个并行团队，缩短研究时间。

从事水稻育种研究的专家，冬季都要到海南岛去，就是要利用海南岛的光热条件，每年多进行一个生长季的研究。而从事畜禽方面研究的，连这样的可能都没有，只能老老实实地按照动物的生产周期来。中国农业大学每年都获得多项国家科技大奖，没有哪项成果，不是经过了一二十年的长期努力。我国在畜禽研究方面的科技大奖较少，主要的原因，也是国家的长期性持续性投入不足。畜禽研究的周期更长，不确定性更大，需要的投入更多，对于追求短期利益的企业来说，没有什么吸引力，鲜有投资。

由于这种长期性的存在，农业科技人员就特别需要耐得住寂寞，十年二十年地坐冷板凳。人们常说农业科学家踏实、朴实、憨实，应该就是长期坐冷板凳的原因。科学家在坐冷板凳时，也需要管理者配合；管理者不能急功近利，用盖大楼、建高铁的思维，来要求、考核和督促农业科学家。

坐冷板凳的科学家，有的能够做出点名堂来，成为热点，如袁隆平院士；有的默默无闻一辈子，在过世之后，才获得热度，如朱英国院士；更多的，是一辈子默默无闻，如……我也不知道都有谁。

第二个特点是渐进性。通常情况下，农业科研的成果，都不是一蹴而就，也不是所谓的颠覆性创新，而只是你一小步、我一小步的累积。这样的渐进性，既导致了长期性，也导致了"匿名性"。即，统计上，可以看到亩产连年增加，却不能归功于某项单一科技，也很难归功于某一位科学家。这些年，我国的种植业和养殖业生产都取得了巨大的进步，但却没有像航天或高铁那样的国家特等奖获奖成果和获奖群体，原因可能就在于此。

第三个特点是公益性。农业科研的公益性比较强，是因为农业科研成果的公益性较强。公益性的意思，就是可以无偿免费使用。之所以无偿免费，无非是两个原因：一是不该收费，二是难以收费。

不该收费的原因是，我国农民是弱势群体，国家现在每年提供的各种补贴很多；农业科技，是促进农民增收的最重要途径，免费提供科技是对农民的重要帮助，效果其实比直接补贴更好，也更有可持续性。

难以收费的原因是，有很多农业科技，缺乏收费的可操作性。例如，一些好的果树，可以通过插枝或组培的办法，进行种苗培养，难以保护知识产权；那些农户自己可以留种的作物，也无法收专利费；更有一些种植或者养殖方法方面的技术，也是没有办法收取使用费的。这些方面的技术，企业不愿意投入研发，科研人员也无法从成果转化中获得好处。这就更需要国家加大科研投入，更需要科研人员有"解民生之多艰"的厚重情怀。

第四个特点，不太好表达。如果一定要用一个词，那就是"顶天立地"性。顶天，是高大上，是前沿性，是基础性研究；立地，是接地气，是实用性，是应用性研究。

对于后者，有很多不同的说法，例如"把论文写在大地上"，并且已经形成了某种对农业科学家的形象定式：一个老农模样的人，戴着草帽，站在庄稼地中，配着蓝天白云……这当然是非常美好、令人尊敬的形象。但是，这只是农业科学家工作流程的一个部分，是后半部分。而前半部分，其实同样很重要，甚至更重要，这就是"顶天"性质的部分。

那些在不见蓝天白云的实验室中的工作，那些在瓶瓶罐罐仪器设备上的工作，一点也不轻松，一点也不可轻视，因为这是现代农业科技创新的源头。

顶天与立地，是一个整体，不应该分开，更不应该对立起来。写在大地上的论文，非常伟大，这是可看到现实功效的成果；而写在电脑里的论文，同样伟大，即便还没有看得到的现实功效。因为，今天写在电脑里的论文，明天会写到大地上，并且让明天大地上的论文，比今天的更加雄伟壮丽！

27. 农业技术推广的发展方向何在

2017年2月，农民日报社举办了一年一度的三农发展大会，会上评选出了"中国三农十大创新榜样"。中国农业大学科技小院模式，经与会的800多位代表现场评比打分，荣获创新榜第一名。我参加了这个会，对科技小院模式被评选为第一名，多少有些意外。因为十大创新榜样中，有好几个的经验，是写入了中央一号文件的。

科技小院模式能够获得与会代表们的青睐，可能是因为这个模式，与传统上的农业技术推广模式不一样，有着突出的创新性特点。

我国政府高度重视农业技术推广，建立了国家、省、市、县、乡等各级农业技术推广机构，形成了公办的农业技术推广服务体系。早些年，这个体系比较薄弱，有一些自嘲性的顺口溜，说明了条件的简陋和工作的艰苦。近些年来，在房屋设施、活动经费和人员配备等方面，有了很大加强，尤其是东部发达地区，有了显著的完善、提升和拓展。现在，这个体系中，全国共配备了数十万人。这个体系的基本特点，是有重点地推广一些农业技术，并就农民提出的一些现实技术问题提供咨询建议。一些地方已经建立起了热线电话或者网络平台。

改革开放以来，各种涉农企业不断发展壮大，这些涉农企业，构成了与国家机构并行的另一个农业技术服务体系。这些企业可以分为两大类。一类是提供农业投入品的企业，如种子、化肥、农药、饲料等；另一类是收购和加工农产品的企业，如稻米加工厂、榨油厂、苹果经销商等。

这两类企业，从各自的角度出发，为了企业的经营目的，都向农民提供相关的技术服务。提供投入品的，为了保证使用效果，会指导农民如何使用投入品；收购农产品的，为了保证产品的质量和均一性，也会给农民提供一定的生产技术指导。

以上两个农业技术推广服务体系，有一个共同的特点：即重点是提供单项技术，或者针对某一具体问题。中国农业大学科技小院模式，不是像国家农业技术推广体系那样，注重推广单项成熟技术，也不是像涉农企业那样，只推广某种投入品使用技术，而是围绕一种作物，提供从种到收的一整套技术体系方案。其涵盖了整个生产全过程，包括种子选择、种植模式、整地、施肥、灌水、病虫害防治、生育期管理、收获等各个环节。也就是在现代农业科技水平上，涵盖了"土肥水种密保管工"八字宪法的各个环节。

科技小院是由教授和研究生们组成的，他们不仅是技术体系方案的制订者，也是实行者：在整个生产过程中，在教授的指导下，研究生们都长期住在农家小院中，亲自参与生产过程，及时发现问题，解决问题。小院模式的特色，不仅仅是提供整套方案，还针对具体出现的问题，进行及时的研究；对技术方案的本身，也在实践中进行研究，不断进行完善和提升。

这个模式，实际上是实现了两个创新：一个创新，是实现了人才培养、科学研究和技术推广的三结合：人才培养效果好，用人单位高度欢迎，有些学生还没有毕业，就被企业抢先高薪聘用了；科学研究效果好，有论文在国际顶尖学术刊物上发表；技术推广效果好，作物增产效果显著，农民们高度称赞和极为欢迎。

另一个创新，就是对农业技术推广服务方式的创新，提供作物全过程各个环节的技术体系方案。其实，在实践中，也还超越了单纯的技术推广，如有的科技小院，还包括了生产组织和市场营销方面的服务。这样的推广服务效果就更好了，因为，其直接回应了农民的生产目标诉求：增加收入。

根据具体的作物或畜禽养殖需要，提供贯穿全过程的系统性的技术服务，包括生产组织和市场营销方面的服务，这是农业技术推广服务的难点所在，也是未来的发展方向所在。科技小院模式能够"力克群雄"，获得头奖，这可能是最主要原因。

近年来，还出现了一些新兴的组织方式，也具备了这样的系统性农业技术服务特点。

一是各种合作社。很多是由上述涉农企业牵头组建的，例如我在湖南调研时见到，有的化肥农药销售企业或稻米加工企业，与种植稻谷的农民一起，组建合作社，提供工厂化育秧、机械化耕种收、无人机喷药、稻谷烘干等一系列服务。也有的是由大学毕业生等"新农人"创办的合作社，为成员提供全套的技术服务，例如中国农业大学毕业生在甘肃某地建立的甜玉米合作社，就是一个很好的案例。

二是区域性的农村专业技术协会，也会围绕某一产品，提供系统化的技术支持服务，例如苹果集中产区的苹果协会。

三是那些紧密型的公司加农户模式，也具备提供系统技术服务方案的特点。通常在养殖业较为普遍些。

展望未来，科技小院模式尽管效果很好，但是限于高校教授和研究生的数量有限，不可能普遍实行。而今后最有发展前途的，是上述三类新的组织方式，尤其是新型合作社模式，潜力很大，适用面很宽，应大力扶持发展。

与此同时，应强化和提升国家农业技术推广服务体系，把县级农技推广中心作为强化建设的重点。把县级农技推广中心做大做强，可上接农业大学和农科院所，获得新技术，下接村干部、示范农户、龙头企业、专业合作组织与产品技术协会等，提供技术服务支撑。县级农技推广中心，除了传统的服务方式之外，还需要围绕本县的主要产品，按产品制定出一条龙的技术方案。现代化的交通与信息网络，使得县级农技推广中心的服务，可以很便利地辐射覆盖到每个村庄，每个农民。

28. 涉农人才为什么供不应求

　　当校长时，除了转基因问题，还有一个问题，也经常被问道：你们学校的学生，就业怎么样？发问者是好心，是关切之意。可听起来，总是让人感觉不甚舒服。因为，这个问题的言下之意是，现在大学生就业比较困难，农业院校就更突出了吧？

　　我通常从两个方面回答：第一，所有的 985 大学，学生就业都根本不是问题。因为，无论全国的就业形势如何困难，每年的毕业生增加了多少，都影响不到顶尖大学的学生就业。中国农业大学每年的就业情况，都位居全国高校前列，平均每个毕业生获得三个以上的录用通知。第二，普通农业院校的学生，就业情况也较好，通常在所在省份的院校中，也是位居前列的。例如，西南某省的农业大学，连续十几年，就业情况都名列该省高校前茅。

　　农业院校毕业生的就业情况，为什么比较好呢？这是因为，社会对涉农人才的需求很大，并且呈现快速增长趋势。影响所及，不仅仅是对涉农专业毕业生；对农业院校中的非农专业毕业生，也是如此。

　　对人才的需求，与产业的发展密不可分。我国可能没有哪个产业，像农业产业那样，市场需求只增不减，每年、每月、每周、每天，都在增长。这种需求的增长，不仅体现在数量方面，也体现在质量方面。人口的增加，收入的增加，工业的发展，是最重要最基本最持久的农业需求推动力。据统计，2005—2015 年，我国农业总产值从 2 万亿元，增加到超过 6 万亿元，增加了 2 倍多；而食品工业产值从 2 万亿元，增加到超过 11 万亿元，增加了 4.5 倍多！

农业产值与食品业产值的增加，既包含着产业容量的扩大，也包含着产业质量的提升。也就是说，过去的十年中，我国农业和食品业的业态，都发生了很大的变化。现代农业的发展进入加速期，从大田种植业、设施园艺业、畜禽饲养业、水产养殖业、特色种植与养殖业、乡村旅游度假休闲业，到农业物流业、农产品电商、食品加工业等等，均出现了全面的结构调整与提升。在这个现代化的过程中，农业人才需求急速膨胀。这些年我遇见的涉农企业家，无一不是把人才缺乏，列为企业发展和提升的第一瓶颈。

农业人才问题，同样是供给侧问题。首先在培养数量方面，相对不足。据统计，1997—2015 年，全国大学生毕业人数总量，从不到 83 万人增长到 681 万人，增加了 7 倍多；而农科大学生毕业人数，从 3 万人增加到 11.7 万人，增加了不到 3 倍。农科大学生毕业人数占全国大学生毕业人数总量的比例，从 3.6％降低到 1.7％。从这些数字，可以粗略地看出，农科专业的大学毕业生，同其他专业的毕业生比较，就业的竞争程度要相对低一些。

一方面是农业与食品产业迅速扩张，另一方面毕业生数量相对较少，再加上这些年大学培养质量的普遍提高，从而使得农科大学生就业情况普遍良好。

农业院校研究生的就业情况，就更好了。例如，中国农业大学现在每年有 700 多名博士毕业生，其中 80％以上到高校或研究机构工作。农科博士生的培养数量，远远不能满足需求。

此外，还有一个重要事实，很多人没有注意到。这就是，农业院校的非农业专业的学生，由于在农业院校就学的原因，有些也能够获得某种特殊的优势。例如，中国农业大学有个媒体传播系，曾经在某电视节目中被调侃为"播种系"，是个"非典型"的农大专业；每年招收的学生数量很少，但是毕业生广受欢迎，被各大主流媒体录用，包括新华社、中国新闻社、中央电视台、光明日报以及主要门户网站等。

近几年两会期间，我经常遇到毕业于中国农业大学的采访记者。一位媒体界人士告诉我，几乎每个主流媒体，不管哪种业态形式，都一定会有一个三农板块。而从对报道三农问题的业务素质要求看，自然是有农业院校背景的学生，更有优势。这仅仅是一个例子。

党的十九大报告中，特别强调指出，"要坚持农业农村优先发展""把中国人的饭碗牢牢端在自己手中"。展望未来，三农领域仍然存在着诸多挑战。对于国家和社会来说，是挑战；而对于涉农企业和涉农就业人员来说，就是机遇。国家要解决这些挑战，企业要抓住这些商机，都需要大量优秀人才。

我国的农业院校，培养涉农人才的责任重大，使命光荣，需要不断努力再努力，按照正确的培养目标定位，加强本科生的复合型人才培养，硕士生的应用型人才培养，博士生的学术研究型人才培养。而无论哪一层级的人才培养，都需要树立社会主义的核心价值观，需要有家国情怀和创新精神，都需要培养出有知识、有能力、有责任感的"三有"人才。

29. 农业院校面临的主要挑战是什么

农业院校，是我国高等教育的一道特殊风景线。据统计，归于农学门类的本科院校有 46 所，其中林业 5 所；高职院校 52 所，其中林业 8 所。此外，还有 12 所原来的农业高校，20 世纪 90 年代以后合并到综合性大学中了，例如浙江农业大学和上海农学院。

这些不同类型的农业高校，面临的挑战各有不同。不过，也有一些挑战，是共性的。其中最主要的，是来自社会的传统偏见和误解；这些偏见和误解，导致了一系列问题。

对于农业院校的偏见和误解，有多个成因。一是来源于对农业的传统观念。一说起农业，就想到"脸朝黄土背朝天"，就想到劳苦和落后。对农业的偏见一延伸，就延伸到农业专业和农业院校。二是这些年来，现代农业和现代农业院校发展得太快，很多人没跟上，还停留在老观念上。很多人不了解现代农业，更不了解现代农业院校。三是农业院校自身的工作有差距，还没有达到"酒香不怕巷子深"。

这些误解和偏见，对于农业院校的招生、培养、就业以及教师招聘等方面，都带来了很多挑战。

首先，是在招生方面。农业院校处于明显不利地位。这是农业院校面临的普遍性问题。例如，中国农业大学在过去的 10 年中，招生分数显著提高，平均提高了 60 多分，2017 年超出本科一批重点线 110 分。但尽管如此，在全国高校中的排名，却仍然只有 50 位左右。这与学校的办学实力指标和国际学术影响力，远远不相称。

值得注意的是，在招生分数不断提高的同时，城市生源的比重显著上升，从 65％提高到 75％左右。如果没有近年出台的农村生源招生专项，城市学生比重会更高，可能会超过 80％。其中的原因并不复杂：农村高分学生本来就少，而考了高分的，大多又不愿意报农业院校；身为农民的家长，对农业院校的误解更深，更希望孩子跳出"农门"。倒是越来越多的城市考生家长，对农业专业和农业院校更为了解，也看好涉农产业的发展，从而愿意把孩子送到农业院校中来。

如何解决这个挑战，各个学校都想了很多办法。有的，找了最直接了当的办法：更名。例如，原来的几所水产大学，先后都更名为海洋大学。据说，还真有些效果，更名后的招生分数，都立竿见影，大幅度提升。

当然，无论是否更名，农业院校都需要加强和创新招生宣传，去让考生和家长们，了解真实的农科专业，了解真实的农业大学。中国农业大学还通过实行自由转专业政策，增强了学校的吸引力。口号是：上中国农业大学，学你喜欢的专业，做国家栋梁之才。事实证明，这样做，并没有损害农科专业：尽管转出了一些学生，但也转入了很多。而留下和转入的，都是真正热爱农科专业的。

第二，是学生的自信精神。考入农业院校的学生，受外部环境的影响，有不少是自信不足的。多年前，我与一个毕业生交流，他给我留下的最深刻印象，就是沉稳的自信。他以亲身经历，讲述了为什么农业院校学生容易自信不足。他当年是县城重点中学的尖子生，高考之后，邻居大妈问他，报哪个学校了？他回答，中国农业大学。那大妈来了句：你不是学习挺好的吗？

农业院校要培养学生学农爱农的精神，首先要破除社会偏见对学生的不利影响，消除一些学生内在自信不足的问题。这种自信，包括对专业的自信，对学校的自信，对自己的自信。大学生正处于成长时期，很容易心理定力不足，容易受社会上各种不正确的观念、误解和偏见的强烈影响。如何培养学生的自信心，进而树立他们的家国情怀，以解决中国人民的饭碗问题为己任，把中国梦、三农梦、个人梦融为一体，不懈奋斗，这是一个重大挑战。

农业院校的学生应该认识到，只要你能够为解决中国人民的饭碗问题作出贡献，你自己的饭碗，就一定不是问题。中国农业大学的校歌中有两句：走进我们的课堂，就走进田野金色的希望；走出我们的校门，就担起天下饱暖和安康！就是一种自信和担当意识的诠释。

第三，在学生就业方面，也有些问题。农业专业的，通常没有问题。但是在非农专业方面，毕业生会遇到一些不愉快的应聘经历。那些与三农没有直接关系的企业，对现代农业院校缺乏了解的招聘者，更容易出口伤人。实际上，行业外部人员的无知和无心，经常往学生们还有些稚嫩的心上撒盐。

例如，中国农业大学有个传播学专业，学生参加电视节目活动，报出家门后，让名气很大的嘉宾感到意外，顺口就调侃了句：农业大学还有传播系？是播种系吧！这事让学生和校友们很不爽。后来，我还找了机会，劝导大家要有包容精神，做到"人不知而不愠"，宁愿每一个中国人都饱食无虞而忘记我们，也不愿很多人饿了肚子才想起我们。

第四，是体现在招聘方面。主要是在基础学科和非农学科领域。例如，在数理化、工程技术、信息技术等领域，农业院校招聘常常处于不利地位。

一些优秀人才，更愿意到综合性大学或理工科院校去应聘。这是因为，就这些非农学科而言，农业院校的平台不够理想。例如，没有研究生招生权，申请项目经费困难，也缺乏学科带头人的引领和团队的支撑，等等。而理工科对农业院校的意义越来越大，尤其是在创新型人才培养和学科交叉融合方面。传统上只突出几个农科学科的情况，已经不能满足现代农业人才培养和农业科技创新的需要。

以上这些挑战，过去有，现在有，将来仍然会有。应对这些挑战，需要国家支持，加大对农业院校的投入；需要媒体支持，不断消除社会对农业院校的偏见误解；更需要我们农业院校自身的加倍努力，通过深化改革，开拓创新，不断提高人才培养质量和科学研究水平，把农业院校这坛老酒，酿造得更香，就不怕巷子深了。

30. 新时代农业高校的使命与前景何在

多年前，参加一个沿海城市的活动，晚上市领导宴请若干人。当介绍到我时，主人一听，立刻表现出很热情的样子，连说，我知道你们学校，不就是培养农民的大学吗？语气中，听不出来是真心这样认为，还是开玩笑。

农业院校的师生们，有自己的说法：崇尚科学，服务三农。这个说法，主要是表达情怀，但也有这样的言外之意：我们不是当农民，我们为农民服务。这种表述，当然是对的。只是，我总感觉不太到位，当下看有些狭窄，发展看不够前瞻。

中国农业大学在制定大学章程时，就此进行了深入讨论，最后确定了学校的使命定位表述，即：围绕人类的营养与健康，以国家农业科技重大需求和国际学术前沿为导向，以培养高质量农业科技创新与管理人才为主要目标，开展高水平科学研究、社会服务和文化传承与创新。

这段话的要点，一是围绕人类营养与健康，二是进行人才培养、科学研究、社会服务以及文化传承与创新。

农业院校产生和存在的基本目的，就是为了推动农业发展，解决吃饭问题。吃饭问题，就是营养与健康问题，这是全社会和全体人民的问题，而绝不限于农民自己。现在的农民，无论是种粮食蔬菜水果的，还是养猪养鸡养鱼的，绝大部分都不是为了自己食用，而是为了出售，为了社会消费者。

因此，农业院校师生的家国情怀，应该包括但绝不应止于三农或者农民，而应该是整个社会和全体人民。农业院校的师生们自己要有这个觉悟，才能够让社会有这个认识；农业院校的发展，才能够从国家和社会那里，获得更好更有力的支持。

人才培养。这是大学的核心任务。无论是博士生、硕士生、本科生和大专生，都是社会需要的。农业院校人才培养的具体目标，是培养农业科教人员、农业管理人员和涉农服务人员。

农业科教人员，主要是博士毕业生群体，主要面向高校和科研机构。农业院校作为一个整体看，所培养的科教人员所占的比例很小。但是，这个培养对象群体非常重要，因为，他们决定着我国农业科研的未来，也决定着我国农业高等教育的未来。

农业管理人员，可以分为两个部分。一个部分，是各级政府的农业管理人员，这部分人数也不是很多，但也是非常重要的。他们通常从村官或"选调生"做起。另一个部分，是农业企业管理人员，这个部分的人员数量比较多，并且会越来越多。他们是农业产业的一线人员，但绝不是传统意义上的农民，而是所谓的"新农人"。有的，是新型农业企业的创业者；有的，是新型合作社的带头人；也有的，是大中型农业企业的管理新秀，其中的尖子生从"管培生"做起。

涉农服务人员，主要是各类产业、企业、机构等方面的人员，他们所在的单位或者所在的岗位，都直接或者间接与农业和食品业有关，为"三农"提供各种服务。这是个庞大的群体。据发达国家的数据，在涉农部门服务的就业人员数量，超过农业生产部门本身的数倍之多。这也是我国未来的发展方向。

科学研究。这是高校的另一项重要职能，尤其是对研究型大学。农业院校的科研，需要"顶天立地"，即：既要有重大社会影响的应用研究成果，也要有世界前沿的基础研究成果。农业院校一向重视应用研究成果，而近些年来，通过一流大学和一流学科的建设，在追赶世界学术前沿方面，也取得了重大进步。以中国农业大学为例，一方面，每年都获得数项国家科技大奖，多年累计获奖数量位居全国高校第 6 位；另一方面，在国际顶尖学术刊物上发表论文数量，多年累计也位居全国高校第 6 位。学校的农业科学国际论文引文数量，近年来急剧增长，8 年之间就增加了 23 倍多，已经位居全球大学的第 3 位；学校的农业科学学科也进入全球大学前 3 名。

社会服务。就本质而言，人才培养和科学研究，是高校最重要的社会贡献和社会服务。不过，现在通常所说的高校社会服务职能，是专指教学科研之外的。可归纳为 5 类：技术转让、咨询服务、人员培训、医疗服务（有医学院的高校）和科普宣传。其中，只有科普宣传，是无偿服务。农业院校做了大量的农业技术推广服务，通常都是无偿的，社会影响意义很大。

文化传承和创新。其实，这个功能，是融合在育人、科研和社会服务之中的。农业院校的文化传承与创新，除了中国特色社会主义文化的一般要求之外，也还应有一些学校自己的特色。

展望未来，随着现代科学技术的发展，随着我国进入了新时代，农业院校的内涵，也日益要求延伸和拓展。主要是向三大领域，即：生命，生活，生态。

向生命领域的拓展，是向传统农业学科的上游进行拓展，就是要在动植物生物学基础研究方面，向人的生命科学研究方面拓展。这是营养与健康这一目标下，学科交叉和融合的需要，也是医学院不做或者独自做不了的事。国家在中国农业大学设立的一项重大科研基础设施项目，即模式动物猪的表型和遗传研究，就是一个突出例证：其研究内容，小部分与农业有关，大部分与人体医学有关。同时，在食品研究方面，要向食品消化方面的机理，向健康影响以及疫病关系的方面拓展。现在医院里，因吃得不当而生病的，比比皆是。

向生活领域的拓展，是向传统农业学科的下游进行拓展，就是向消费领域拓展，更靠近终端消费者。这就是要在吃得安全、吃得健康和吃得愉悦方面，进行更多的技术、经济和社会因素研究。

向生态领域的拓展，就是要研究农业生产活动与生态环境之间的关系，让农业生产更可持续，让农业资源利用更加充分，让农村和城市的生态环境更加良好。

向生命、生活和生态三大领域的延伸拓展强化，是新时代农业大学的使命驱动，是现代农业大学学科发展的内在要求，也是未来农业大学的发展方向。考虑到这些，就更有理由说：现代和未来的农业大学，在本质上，就是生命科技大学。为了让学校的称谓更为准确和名副其实，可以考虑将农业大学，更名为生命科技大学。实际上，欧洲一些传统的农业大学，如挪威、波兰、捷克的农业大学，已经更名为生命科学大学了；欧洲涉农大学组成的大学联盟，名字就叫做欧洲生命科学大学联盟。

31. 如何准确理解小岗村的"金蛋"

2018 年，是改革开放 40 周年。开年以来，陆续就有很多活动，以纪念农村改革 40 年为主题。讲 40 年前的农村改革，是一定要谈到小岗村的。我参加的活动中，还有请了小岗村村干部出席的。

说来，难以置信，作为一个长期研究农业政策问题的人，我居然没有去过小岗村！其间，多少有些客观原因，但主要，还是主观原因。大致与钱钟书先生说的意思相近：假如你吃了个鸡蛋觉得不错，何必认识那下蛋的母鸡呢。更何况这个蛋，还是 40 年前下的。

近年来，关于小岗村，似乎有些不同的声音。大体是这样的意思：当年的大包干，分田单干，只是适合当时的情况；现在，要搞现代农业，小岗村的那一套，已经过时了。近些年来，小岗村发展的成绩单，不如人们期望的那样亮丽，似乎也是一个佐证。很多人，未必这样说，但确有这样的想法。

我不同意这样的看法。我认为，小岗村"分田单干"包含的本质意义，极端重要。这是一个"金蛋"，时移世变，价值不减。

党的十九大报告明确指出：使市场在资源配置中起决定性作用。其道理是：发展经济，目的是要满足人民的需要；而人民的需要，是通过市场机制来表现的。人民需要的更多，市场供给不能满足，价格就会上升，生产者就会投入更多的资源，增加生产量，从而更好地满足人民的需要。也就是说，市场配置资源，是通过价格。价格是个信号，也是个杠杆。

这个道理，不用学经济学，也不用上大学，都能够明白，都能够同意。但是，这个道理能够成立，是有前提条件的。这就是，当价格升高时，生产者要有积极性，去增加生产。只有当价格升高时，能够直接增加农民收益，农民才会有积极性。这就是利益机制。没有利益机制，就谈不到市场配置资源。

这个前提条件，现在看起来，是理所当然。但是在集体经济体制下，这个条件是缺失的。这是因为，由于农业生产的特点，劳动投入的数量、质量和效果，都很难监督。这样，常常是出工不出力，出力不见效；干多干少一个样，干好干坏一个样，吃"大锅饭"。

小岗村的"大包干"，或者说"分田单干"，直接解决了利益机制问题。把土地分给了每一个农户，让你自己去种，去管理，去收获。干好干坏，就完全不一样了：产量的多少，直接关系到农民的收益。尽管还要交公粮给国家，交提留给集体，但是，这两块的数量是固定的。超出的部分，就全部是你自己的了；你可以自己吃，喂猪养鸡，或者出售，收益全是你的。不光是数量越多越好，质量也是越高越好。因为，质量高的，卖的价钱也高，收入就更多。

这样的利益机制，实际上，就是权责利的高度结合。农民有了生产决策经营管理的权利，也有了承担相应后果的责任。因此，这样的经营方式，被称为"家庭联产承包责任制"。

利益机制建立起来，农民的积极性就大大提高，生产效率和效果就大大提高。大包干后的小岗村，粮食产量成倍增长，一年就解决了温饱问题。其后，全国的农村改革，就成了小岗村的放大版。小岗村经验成为金蛋，本质意义，就是顺应农业生产经营规律，解决了利益机制问题。

其实，分田单干，在世界各国，是普遍性的农业生产组织方式，这也就是家庭农场。只是，在我国的情况下，不叫农场，而叫农户。原因可能是，我国人多地少，每户农民分到的土地面积太少，全国农户平均耕地规模仅为 8.8 亩；而国外的农场，通常为几百亩、几千亩乃至上万亩。国外的农场，通常以家庭成员劳动力为主，而不是靠大量雇佣劳动，尤其是种植大田作物的。我国现在叫农场的，通常都是雇工农场，与国外说的农场，不太一样。

近年来，在农业现代化的过程中，为了克服小农户与大市场的矛盾，出现了一些新型的农业生产组织方式，例如新型合作社、种田大户和规模化农场。其生产规模较大，生产效率更高，现代化水平更高。从表面看，好像是又"合"了，是对小岗村"分"的否定。其实，并非如此。分与合，只是表象。而本质上，其中的利益机制，农民的权责利关系，并没有根本改变。加入合作社，还是不加入；土地自己种，还是出租出去，或者入股，农民都有充分的自主权利，都是以收益最大化为标准。这完全是基于市场机制的资源配置。而这样的资源配置，依然是建立在当年"分田单干"的土地制度基础上的。

经过了 40 年的改革实践探索，土地制度本身也不断完善，形成了"三权分置"制度。土地"三权分置"制度，是肇始于当年的"大包干"制度的，是对当初制度的巩固、发展和完善，而不是否定。这样的制度安排，适合我国现阶段国情，既坚持了利益机制，也较好地兼顾了现代农业发展的需要，是一项伟大的制度创新。

利益机制，不仅是农业农村改革的关键基础，也是城市工业改革的关键基础。其让千千万万的普通劳动者，都成为积极的奋斗者、创业者。大众创业、万众创新，同样离不开利益机制这个关键基础。

当然，客观地说，小岗村，也不一定是最早实行分田单干的村子；小岗村，不过是个符号，代表了亿万农民普遍性的诉求。同时，也需要指出，利益机制极端重要，但也并不是唯一要素，不是全部要素。小岗村在后期发展上，未能如人们期望的那样突出，并不是当年改革的问题，而是其他因素的限制。无论如何，对小岗村改革的本质意义，不能曲解，更不能否定。没有利益机制，小岗村绝不会走到今天；没有利益机制，我国农业农村40年来的重大成就，就都不会发生。

32. 宅基地难题如何破解

在我国的农业政策中，土地政策，始终是最重要、最敏感、最棘手的问题。棘手之处在于，耕地太少，很宝贵，需要保护好；但同时，现代化发展，又需要不断占用更多土地。

农村的土地，可以分为农用地和非农用地两大类。其中，农用地的保护和利用方面，现在已经有了好办法，这就是"三权分置"制度。农用地的"三权分置"制度，把耕地的用途管制、农民社会保障权益和现代农业规模化发展需要，很好地结合起来了。但是，非农用地制度，则仍然在探索之中，仍然在保护与利用之间纠结不已。其中，农村宅基地问题，最为突出。

一方面，有农村户籍的人越来越多，房子越盖越多，占用的宅基地越来越多。根据国家有关部门统计，2005—2016年，农民住宅面积从258亿平方米，增加到383亿平方米，增加了49%。另一方面，常住在农村的人口越来越少，2005—2016年，从7.45亿减少到5.90亿，减少了21%；常住在外地的农民工越来越多，现在已经超过1.7亿人了，他们在老家都有房子和宅基地，农村的空置房屋越来越多。有些外出农民工，是举家外出，老家的房子完全空置；其他外出农民工，每年也就在春节期间回去住一两个星期，其余的时间，只有留守的老人和孩子住，甚至孩子也不住——孩子们读书都住校了，这是部分的空置。另一份统计数据显示，农村人均居民点用地面积为300平方米，是城镇人均建设用地面积的两倍，远超国家标准上限。这是很大的土地浪费。

与此同时，不少城里人，想去农村买房子，或者盖房子。这包括准备告老还乡的人，到农村创业或者兼职的人，或者那些想经常贴近山村大自然的城里人。但是，他们做不到，不让买房，不批土地。

农村建房和宅基地问题，近年来，日益突出。国家决策部门已经开始高度关注，不过，似乎也还没有良策。可能是受农用地"三权分置"启发，对宅基地也提出了"三权分置"，即宅基地所有权、资格权、使用权的"三权分置"。但是，具体如何操作，并不很明晰。

2018年的中央一号文件中，一方面提出，"适度放活宅基地和农民房屋使用权"，但另一方面，又强调"严格禁止下乡利用农村宅基地建设别墅大院和私人会馆"。给人的感觉是，宅基地（以及房屋）使用权，农民可以"卖"，但城里人不能"买"。那如何放活呢？

农用地"三权分置"中的经营权，与宅基地"三权分置"中的使用权，表面看类似，实质上很不同。第一，农用地的用途，就是生产农产品。经营权无论怎么流转，都是用于种地，为社会提供农产品。因此，经营权流转给谁，都无妨。实际上，流转之后，通常生产出的产品更多，或者更好。第二，经营权流转出去之后，有承包权的农民，想把经营权再要回来，比较容易。农作物的生产周期，最多一年，生产周期结束时终止合同，遗留问题很少。即便是多年的流转合同，提前终止，也不会有大的损失，不需要大的补偿。

宅基地的使用权，能够这样做吗？恐怕不行。第一，宅基地的本来用途，是给农民盖房子；使用权一流转，这个用途就随之变化。现在规定不能给城里人。是否可以给本村人？给邻村人？不清楚。按现在的规定，似乎只有一种可能：转给村集体组织，搞休闲旅游开发。第二，宅基地的使用权一旦流转出去，农民再想要回来，非常困难。村集体搞旅游，把闲置的宅基地都盖了房子，那么，在城里务工的农民，如果再要回到村里来，他们的住房问题，该怎么办？

这是一个难题，是一种两难困境。

宅基地问题，表面上看，是农村房屋的空置和浪费，而本质上，是城乡融合问题。由于农民工现在还无法在城市扎根，因此，就不得不想着退身之处，不会轻易放弃农村的老屋。如果他们能够真正融入城市，享受现有市民的同等待遇，那么，宅基地也就不会像命根子一样重要了。城乡居民权利的融合，是现代化过程中绕不过的坎。这需要一个过程。但是，如果为了缓解眼前矛盾，继续强化城乡分割，那就是饮鸩止渴，既阻挡城乡融合进程，也无法从根本上解决问题。

而且，让农民工在城里住下去，所需要的土地面积，是远远小于宅基地面积的。

同时，在思考解决宅基地难题的途径时，不可忘记了"初心"，不可"忘记了为什么而出发"。严格控制农村宅基地，最根本的原因，是要保护耕地。那么，有没有一种办法，能让盖房子这件事，不与农业争地？

答案是，可以有。尤其是在丘陵和山区。浙江省的"坡地村镇"试点项目，提供了很好的启示。该试点项目的基本思路，是利用坡地荒地，去搞农村建设项目。三年试点中，共批准实施了 154 个试点项目，大多为乡村旅游开发，没有占用一亩耕地。

也就是说，通过开发坡地荒地，搞乡村旅游。这样，既不占用耕地，也不占用宅基地，从而避免了遗患。

更进一步说，不仅仅是搞农村旅游，而且在农民自己建房上，也要推行"坡地村镇"办法。即，在进行乡村振兴规划时，以"不占耕地"为底线，把新的建房地点，都规划到山坡荒坡上去。同时，把农村基础设施建设的投入，向这些坡地荒地居民点倾斜，规定和吸引村民到那里去建新房。以后新分的宅基地，就不占用农田；现有的平地宅基地，也可以慢慢腾退出来，变成农田。

在完全不占用耕地的条件下，农村住宅用地，也可以向城里人开放。让城里人能够到农村盖房，是城乡融合的重要表现，有助于美丽乡村建设，好处多多。例如，如果把浙江"坡地村镇"的经验，用到北京周边的荒坡荒沟中去，北京的耕地不会减少，而荒坡荒沟会变得美丽很多，农民会收益很多，也会减少一些城区的住房压力。至少，很多退休人员，可以选择离开城区，搬到山区，搬到规划好的"坡地村镇"中。

而在平原地区，随着农业现代化，土地的流转集中将加快。那些把承包地经营权出租了的人，会愿意到乡镇或者县城去居住。这也是城市化，同样可以把宅基地腾退出来。

33. 如何理解产业兴旺的重大意义

党的十九大提出了乡村振兴战略，提出了"产业兴旺、生态宜居、乡风文明、治理有效、生活富裕"的总要求。其中，产业兴旺，列在首位，是最为基础、最为关键的任务。

这可以从几个方面理解。

首先，产业兴旺，是党的基本路线的直接要求。乡村振兴战略的总要求，是整个国家五大建设在农业农村发展中的具体体现。关于整个国家的发展战略，十九大再次明确强调，以经济建设为中心，统筹推进五大建设。以经济建设为中心，是我国改革开放以来最关键的改革起点标志和目标方向，是党的基本路线的要求。乡村振兴战略中，把产业兴旺放在首位，就是体现以经济建设为中心，落实党的基本路线。

产业兴旺，是国家发展全局的重大要求。乡村振兴中的产业兴旺，首要就是让农业兴旺。民以食为天。对于国家发展的全局来说，如何满足人民日益增长的美好食物需要，是基本要求，也是重大挑战。农业中的大田种植业、园艺业、养殖业等，都是为了解决好吃饭问题，都是为了让人民吃得饱，吃得好，吃得安全，吃得健康。即便是休闲旅游观光农业，也与吃饭问题相关，能够让人民吃得更加愉悦。

产业兴旺，是农民的迫切要求。对于农民来说，产业兴旺最大最直接的意义，是解决两大问题：就业和收入。尽管有越来越多的农村年轻人，离开农村，到城市里去谋生。但是，农业及其相关产业，仍然是遥遥领先的最大就业部门。即便到了本世纪中叶，现代化强国建成之日，也将仍然如此。同时，尽管全国平均计算，我国农民的收入中，外出务工收入不断增加，所占比例已经达到最高，但是，农业收入仍然占据重要地位，尤其是对仍然留在农村里的人来说，仍然是最重要的收入。对于农业主产区，就更是如此了。

产业兴旺，对于乡村振兴的其他方面，也有重要促进作用。

产业兴旺，会促进生态宜居。产业兴旺发展了，农民收入提高了，就会更加重视生态环境问题，就能更好地保护和提升生态环境质量。改革开放之初，很多地方的山岭都比较光秃，植被不是很好，一个重要的原因，是因为农民砍柴烧，因为买不起煤，更用不起电。现在，农民普遍使用煤炭，更有越来越多的农民使用电、气等新能源，而不再砍柴烧柴了。结果，只要不是特别干旱的地方，都是满目青山，树木葱郁，森林覆盖率大幅度提升。其实，落后的农业状态，对生态的破坏最大，例如原始农业的"刀耕火种"；现代农业更注意生产与生态的协调，注意可持续发展。

产业兴旺，有助于乡风文明。物质文明，不等于精神文明；但是如果物质文明低下，那么精神文明好不到哪里去。古语说，衣食足而后知荣辱，是有其道理的。

产业兴旺，有利于乡村的有效治理。大家都有活可干，有钱可挣，乡村秩序就更为稳定，乡村治理就更为平顺有效。

产业兴旺，直接推动生活富裕。生活富裕，涉及多种因素，概括起来，就是两个方面：一个方面，是农民自己的收入情况。收入高，生活的富裕程度就高；另一个方面，是各种公共服务，包括教育、医疗、保障、基础设施等等，这主要是需要政府提供的。产业兴旺了，不仅直接促进农民的生活富裕，也对农民接受公共服务、维护公共服务、支持公共服务，具有促进作用。

那么，产业兴旺的衡量标准是什么呢？也有多个维度。

生产能力要强。这意思是，国家总体的总产潜力一定要大。至于是否要把这个潜力都充分发挥出来，什么时候发挥出来，可以让市场来决定。如何让生产能力强？两句话：藏粮于地，藏粮于技。藏粮于地，就是要千方百计保护耕地面积，绝对不减少，估计难，但至少要守住一个底线。同时，要提高地力，包括加强农业基础设施建设，全面改造提升中低产田。有条件的时候，有条件的地方，要实行休耕。藏粮于技，就是要科技创新和推广应用，提高单产，提高质量。从长远看，这是增量的根本希望所在。

单产水平要高。面积没有办法扩大，只好不断提高单产水平，提高土地生产率。这取决于两大因素：地力和科技。这与上一条相关联，因为，总生产能力，就是单产与面积之乘积。

产品质量要好。质量好，可以有丰富复杂的内涵。而对于最终的消费者来说，就是好看好吃，营养安全。好看，就是大小、形状、颜色等，让人喜欢；好吃，就是该甜的甜，该酸的酸，该辣的辣，该脆的脆，该香的香，等等，让人爱吃。营养和安全，消费者看不出来，闻不出来，要靠科学确定、企业自律、政府监管。

生产效率要高。主要是劳动生产率要高，这要求机械化率要高。只有这样，才能降低成本，让价格不要太高，同时农民收入还能高。

资源利用率要高。包括水、肥、药、饲料等资源投入的效率要高。这既是降低生产成本的需要，也是保护生态环境的需要。

多功能性要发挥好。农业农村的功能，不仅仅是生产食物和原料，也在生态、文化、社会等等方面具有多种功能。充分挖掘、利用和发挥这些方面的功能，可以构建农业的新业态，这就是乡村休闲观光旅游。这既是产业兴旺的一个重要组成部分，也是新时代城乡融合的一个重要体现。

生态保护要做好。把上边的各条都能够做到，这一条，也就差不多了。因为，生态保护，不是绝对保持生态的原始状态，这不可能，也不必要。在发展产业时，只要生态环境能够保持住可持续性和适宜性，就可以说是健康良好的了。

产业是否达到了兴旺，没有绝对标准；上述的各个方面，都是相对的。兴旺程度如何，可以通过比较，进行判别。比较的维度有两个：一个，是与自己的过去比，如果有进步，那就是更兴旺了；另一个，是与别人的现在比，如果达到或者接近世界的最好水平，那就算很兴旺了。

34. 如何理解大市场的"大"

在我国，当讨论现代农业发展时，人们经常谈到"小生产与大市场"的矛盾，中央一号文件中也提到这一问题。如何理解小生产的"小"？如何理解大市场的"大"？这里，先讨论一下大市场的"大"。

大市场，指的是什么呢？在讨论中，如果在听到有人说起这个词时，问发言者，"大市场"的具体含义是什么？发言者可能会愣住，会觉得这是常识，是不言自明的事。可如果坚持追问，可能也难以立刻得到十分清晰的回答。三农问题讨论中，确有一些词语，属于这种情况：没有明确定义，也没人去深究，大家都在你知我知的假定中，频繁地使用。

大市场的含义，到底是什么呢？通过对使用这个词的上下文，进行仔细的分析，可以推断出：这里的大市场，指的不是大型交易场所，不是大型商场，大型超市，或大型批发交易市场。这里说的市场，实际上指的是需求；这里说的大市场，指的是大量的需求。

更进一步说，这个需求，指的也不是最终消费者的需求，而是来自中间商的需求，是生产者所直接面对的需求。大市场，就是中间商对同一品种、同一规格、同样质量的产品的收购数量需求大，远远超过单个农民生产者的提供能力，需要成千上万的农民生产者来满足。这些中间商包括收购商、储藏商、加工商等。例如，河南某一大型面粉加工厂，每年对同一品种强筋小麦的收购数量要求，达数十万吨；湖南某一稻米加工企业，每年对同样品种的优质稻谷的需求，也达数十万吨。这就是

—113—

小麦和稻谷生产者所面对的大市场。

以前的农产品收购渠道，特点是小、多、短。各种小商小贩、小面粉厂、小磨米厂、小榨油厂等等，规模小，数量多，增值链短（储藏时间短，运输距离短，加工程度简单等）。买卖双方关注的最重要因素，是价格；而对质量和规格的要求，通常不高。即便对质量和规格有所要求，也很粗略，只要达到门槛标准即可。每一笔买卖的数量，也都很小。

而现在，随着社会的发展，农产品收购渠道变化很大，日益呈现出大、少、长的特点。即，中间商的单体规模越来越大，数量越来越少，增值链越来越长，增值的幅度越来越大。农民所面临的"大市场"，越来越大。

这样的市场结构变化，反映的是最终消费者的消费方式和消费习惯的变化。以前，消费者自己购买原料，自己烹饪为主；现在，更多的是购买加工品，购买制成品，直接食用。统计数据表明，这个变化趋势很快。食品加工业产值的增长速度，显著高于农业生产的增长速度。2000年，我国食品加工业产值，仅仅相当于农林牧渔业总产值的三分之一；到了2012年，食品加工业产值就超过了农林牧渔业总产值，估算2017年已达12万亿元以上。这导致了对产品规格化、标准化的普遍要求。分散的小规模的生产，不能很好地满足这种规格化和标准化的要求。

也许，最早的一个实例，是北京烤鸭。北京烤鸭要求的原料鸭子，品种是专用的，不是随便什么鸭子都行；大小品质是均一的，不能轻重肥瘦不一样；需要的数量也很多，等等。这就是大批量的规格化、标准化的需求。传统的农户，每户养几只几十只鸭子，是不能满足这样的"大市场"需求的。当年，是依靠国营养鸭场或集体养鸭场，来提供大量的填鸭。

随着肯德基、麦当劳等快餐业的发展，对于肉鸡的需求，也同烤鸭类似，要求严格的规格化和标准化，只是，需求数量更大。农民在院子里、村子里散养的鸡，是不能满足这样的"大市场"需求的。类似地，用于制作薯条的马铃薯的需求，也表现出大市场的特征，即，需要特殊的品种，需要大批量的持续性的供应。

然后，就轮到大田作物了。尤其是小麦。传统社会中，人们做各种面食，并不区分小麦品种，只要是小麦粉就行。那时的面粉质量的区别，只是加工精度的区别。普通加工精度的，叫标准粉（85%的出粉率）；加工精度最高的，叫富强粉，是小麦籽粒最核心的部分磨出的面粉。

而随着现代餐饮业的发展，随着食品加工业的发展，对面粉品质的要求，出现了很大变化。做面包、做面条、做糕点等，用途不同，对小麦品质的要求，很不相同。并且，餐饮业和食品加工业的需求，更是大批量的。现代化的面粉加工厂，要满足大型面条生产商、面包商、速冻饺子商、各种连锁超市的面粉需求，每年更是需要几十万吨乃至上百万吨同样品质的小麦。这样的需求，对于只有几亩几十亩地的农民来说，是很大的"大市场"。

在蔬菜、水果方面，也逐渐地出现类似的情况。

总而言之，当我们说到"小生产与大市场"矛盾时，主要是指农民生产者所面对的中间商，尤其是加工商，所需要的农产品，不仅数量大，而且在品种、规格、质量等方面，有着高度的均一性要求。对于小农户来说，这是个大挑战。

加工商之所以表现出"大市场"的特点，有诸多原因。第一，设施设备投资大，成本较高，必须有足够的数量，才能摊薄成本；第二，竞争压力大，要靠品牌取胜，而品牌的创立，也需要有足够的规模；第三，是副产品综合利用，实现增值的需要。例如，在小作坊碾米厂里，稻谷加工之后，只能产生大米、米糠和稻壳。而现代化大型稻米加工厂，除了可以生产出各种规格的大米之外，还可以生产出各种高附加值的副产品，如米糠油、米糠油衍生物、米糠饲料、稻壳制糠醛、活性炭，等等。

我国食品加工商的最大苦恼，可能就是如何从千家万户农民那里，能够可靠地收购到大批量的优质的均一性产品。这不是一件容易的事。

与此同时，小农户们最大的苦恼，就是如何在小规模经营条件下，也能够满足加工商的大市场要求，生产出好产品，把产品卖出去，卖出好价钱。

为此，他们需要进行各种方式的组织创新，克服"小生产"的不利影响。

35. 如何理解小农户的"小"

　　曾几何时，小就是美（small is beautiful）——一位国外学者的名言，成为国内一些学者的口头禅。就农业来说，有些时候，从某些角度看，小，确实是美的。但是，更多的时候，小不是美（beautiful），而是痛（painful）。当涉及"小生产与大市场"的矛盾时，就是如此。

　　尽管"大市场"的含义，不是那么一目了然，不过，"小生产"的含义，却是比较清楚的，不太会发生歧义。小生产，就是小农户生产，就是经营规模很小的农业生产方式。我国农户平均占有耕地为8.8亩。其中，浙江、福建、广东和北京四省（市），农户平均占地规模最小，只有2.4~3.2亩。

　　在农业生产方面，小，就是痛。

　　首先，小生产之痛，是农民之痛。因为，规模小，意味着收入水平低。以水稻为例。我国稻谷生产的前三名是湖南、黑龙江和江西。这三个省农户的平均占有耕地面积，分别是：湖南4.6亩，黑龙江53.7亩，江西5.5亩，黑龙江农民的土地规模远远高于其他两个省。即便考虑到湖南和江西可以种植两季水稻，种植面积加倍，这两个省每个农户平均种植水稻的面积，也不过为9.2亩和11.0亩。假定三个省单产、价格和成本均一样（实际上，黑龙江的稻谷单产和价格水平，均比其他两省高出10%以上），那么，从事水稻生产的农民收入水平，湖南仅仅是黑龙江的17%，江西是黑龙江的20%。假定农民种植水稻每亩可以获得1 000元净收入，则黑龙江每户农民收入为5.37万元，湖南为0.92万元，江西为 1.1 万元。显然，小，就是痛。

对于农民来说，小生产还有很多不利之处。例如，不利于机械化，不利于技术进步成果的推广采纳，在购买生产资料和出售农产品时，难以讨价还价，难以获得价格优惠，等等。

小生产之痛，也是国家之痛。这些年，国家通过各种强农惠农政策，提供的财政补贴数额已经不少了。按照每亩土地的补贴标准看，已经不亚于欧美国家了。但是，平均到每个农户，还是太少，远远无法与欧美国家比。因为，这些国家农民的平均占地规模，比我国大得多。其中，欧盟 27 个成员国平均为 210 亩，欧盟原有 12 个成员国平均为 350 亩，巴西为 1 000 亩，美国为 2 500 亩，加拿大为 4 700 亩。与我国比较，分别是我国平均规模的 24～530 倍。规模太小，劳动生产率就低，成本就高，国际市场竞争力就差。面对如此巨大的规模差异，在自由贸易的大趋势下，我国如何保护好小农户，是件大难事。

小生产之痛，更是消费者之痛。这突出地表现在价格、安全和质量上。

在价格方面，由于规模太小，难以机械化，因此，随着劳动力成本的不断增加，农产品的成本必然不断增加。这使得我国农产品的价格水平，普遍高于国际市场。对于消费者来说，这显然是不利的。同时，小生产也容易导致"共振"效应，即，当市场价格发生变动时，数量庞大的小生产者，都按照同一方向调整生产，结果，往往导致调整的幅度过大，进而造成更大的市场波动。这对于消费者来说，也是不利的。

在食品安全方面，小生产对于消费者的不利影响，更为突出。主要是，由于生产者数量巨大，规模狭小，可追溯体系的建立，就很困难，尤其是在蔬菜、水果和水产品生产方面。分散的小农户生产，无法进行各自独立的收储和运输，也难以在各个营销环节中，包括储运、加工和销售等，进行全程的标识跟踪。

在质量方面，小生产更是难以与大市场很好对接。大市场对产品的质量要求和均一性要求，无法直接从小生产者那里获得满足。面对汪洋大海一样的小生产者，大型的加工商，难以直接建立有效的订单关系，因为操作的成本太高。如果没有一定的组织模式创新，小生产与大市场的对接，几乎是不可能的。

对于农民来说，克服小生产之痛，有两条主要出路。

一是内涵发展之路，用先进技术和设施，从事高附加值产品的生产。例如，在高水平的设施农业中，每亩地的产值，每年可以达到几万元，十几万元，乃至几十万元。土地规模小，但可以把产值做得很大。对于生产者来说，这其实是改变所面对的市场，从一个大市场，转到另一个不那么大的市场。

二是外延发展之路，这就是通过各种不同的生产组织方式，实现区域生产的规模化，通过区域规模化，化解小生产之痛，主要是解决好与大市场的对接。这就是组织创新。其中最主要的形式，就是新型合作组织。

而对于代表大市场的中间商来说，只有后边这一条路。

36. 新型合作社的重要作用有哪些

　　《农民专业合作社法》修订稿，已经全国人大常委会通过，于2018年7月1日起施行。这部法律的修订很重要，因为，新型合作社的作用，日益凸显。

　　近些年建立起来的合作社，是新型合作社。这种新型合作社，同以前计划经济体制下的合作社比较，有着重大的、本质性的区别。

　　现在的合作社，是真正的"入社自愿、退社自由"。加入合作社，既没有上级的命令，也没有村干部的强迫，完全是农民的自愿行为。本质上，这些合作社的建立，完全是市场力量的作用，是市场配置资源的结果。有人愿意牵头成立合作社，是看到了农民的需要；农民愿意加入合作社，是看到了合作社有用，能够帮助解决实际问题。

　　现在的合作社，产权利益关系是很清楚的。加入合作社后，土地集中使用了，但是土地的承包权，还在原来的承包农户手中。合作社拿去的，只是土地的经营权，而不是承包权。这不仅使得利益分配关系清楚，不会产生大锅饭，也使得退社变得十分容易——只要农户收回土地经营权就行了。

　　现在的合作社，一定是有重大技术升级的。如果成立了合作社，只是把三条半驴腿简单相加，那么虽然也能增加些合力，但却很有限。现在成立的合作社，是用拖拉机轮子，直接代替了驴腿，淘汰了驴腿。例如，湖南的一个稻谷合作社，为社员提供"九代"服务，即，代育秧、代旋耕、代插秧、代管理、代植保、代收获、代烘干、代销售、代储藏。这些服务，都是高度现代化的：育秧，是工厂化的；插秧，是机械化的；植保喷药，是通过无人机进行的，等等。合作社能够做到这一点，是因为它是由涉农企业牵头成立的，有一定的经济实力。我在湖南调研过的几个稻谷合作社，就分别由化肥农药企业、农机服务企业或者稻米加工企业，牵头成立的。建立合作社，直接扩大了经营规模，使得机械装备的购置使用，在技术上成为可能，在经济上变得可行。

现在的合作社，一定是能让农民有利可图的。现在，随着大量的青壮年劳动力外出打工，留守在家的，多是老人或者妇女。他们做不了或者不想做繁重的农活儿，但是，又不想把土地出租给别人。于是，用土地经营权作股份，加入合作社，就是一种很好的选择。农民获得合作社的服务，需要支付服务费；合作社承诺一个最低产量水平，超过的部分，按确定的比例分配。农民一算账，比起单纯的出租土地，这样获得的收入更多，何乐而不为？

当合作社提供全过程服务时，生产资料的统一购买、产品的统一销售或者进行加工增值，就是必然的了。统一的生产资料购买，会获得价格上的优惠；统一的产品销售，可以获得价格上的加价；而直接把产品进行精深加工，更能够获得可观的增值。这些收益，都可以通过不同渠道，转化为农民的收益。

要实现这些，需要一个关键条件，这就是，优秀的职业经理人和管理团队。如果让农民自己去做，通常是不现实的；让农民自己去找人，也很困难。好在，在实践中，市场配置资源的功能非常强大，能够自发地来解决这个问题。现在的合作社，很多都是由涉农企业牵头，发动建立起来的。他们具备企业经营管理经验和能力，并且长期为农民提供服务，有较好的互信关系。他们牵头成立合作社，很容易获得农民的响应，便于处理好各种关系。

这样的新型合作社，就某种意义上看，相当于全体农户社员们，合作起来，聘用了一个企业，来提供农民需要的各种服务。

这样的新型合作社，农民很是欢迎，主要是能获得很多好处，包括：第一，解决自家劳动力不足、技术不强、经营不善等问题。技术的事，作业的事，经营的事，全部托管给合作社，农民既省力，又省心。有人把这种方式，称作"托管"，是有道理的。不过，这种委托关系，是通过合作社组织来进行的，是合作社与其成员之间的关系，更有稳定性、持续性和相互可靠性。此外，有些内容，也超出简单的托管关系，如"代储藏"和"代销售"。第二，带来更多的收入，通常比出租土地的收入更多。最主要的，是优质优价所带来的增收。据湖南一个合作社的数据，通过种植优质水稻，合作社高价收购，农民每亩可以增收200～400元。这种优质优价所起到的增收，远远超过传统的合作社分红所可能带来的收益。第三，如果合作社自己有加工设施，则加工增值的部分，农民也有可能获得分红。

这样的新型合作社，更受到中间商的高度欢迎。

记得多年前，在东北访问一个大豆榨油企业，我问企业负责人，他们如何联系种植大豆的农民。他语气自豪地说，搞订单农业，我们与10万户农民有订单关系。我问，如果农民不按照订单卖给你们，而是卖给别人，怎么办？他顿了几秒钟后，很干脆地回答，没有办法。没有哪个企业，会去与小农户打官司。

通过建立新型合作社，大大有助于发展订单农业。新型合作社，作为订单农业的乙方，一方面，能够按照订单农业甲方的要求，通过各种内部经营管理措施，进行较大规模的标准化、优质化生产；另一方面，也能够保证有很好的履约率。

合作社在订单农业中，会获得很大好处：一是稳定的销售渠道，二是优质优价的保证。

在未来相当长一段时间内，我国的小农户规模，不可能发生大的变化。哪怕是把现在农户的数量减少一半，平均每户的耕地面积增加一倍，也仍然仅仅相当于欧盟农场规模的几十分之一，北美农场的几百分之一。小生产与大市场的潜在矛盾，将长期存在。

而新型合作社，可以上接中间商的订单合同，下连成百上千的小农户，通过现代化的生产服务，很好地实现规格化、标准化的生产，提供出高品质的大批量农产品。这样，就把在地权关系上一家一户的小生产，变成了在地域上接壤连片的大生产，进而可以更好地满足"大市场"的要求。

新型合作社，既能够帮助农民生产者，也能够帮助中间商，尤其是现代化的大型加工企业，是我国现代农业发展过程中，最重要的组织创新之一。

37. 农村专业技术协会的重要
作用何在

不久前，在央视农业频道看到一期节目，讲的是湖北省秭归县的脐橙"卖难"问题。很多成熟的脐橙，被农民抛弃到山上的路边，有的还很新鲜，有的已经开始腐烂。秭归脐橙，品质优良，获得了"中华名果"等一大堆荣誉称号，也是国家认定的地理标志产品，是著名区域公用品牌。如此名果，怎么还会卖难呢？节目中披露，是因为网络上差评很多。为什么网络上差评很多呢？记者采访发现，是因为有少量脐橙，由于种植的海拔高度过高，品质较差，口味酸涩。消费者买到这样的差果，自然要给差评。而网络上的评论，具有极大的扩散性、放大性和重复性，可以把 1% 的小比例事件，炒成普遍性；况且，对于消费者来说，统计上的百分数也没有多少意义，摊上了，就是百分之百。

看了这个节目后没几天，又在人民大会堂参加了一个山区县的茶叶推介会。茶是好茶，也是名茶，既是千年前唐代的贡茶，又是现在的地理标志产品。我翻看了下介绍材料，发现使用这个区域公用品牌的茶叶公司，有好几十个，都在这个县里，各做各的。不过，还好，还没有出现秭归脐橙那样的"城门失火，殃及池鱼"的问题。也许，是因为同一地方茶叶的品质差异，不像脐橙那样特别明显。但我担心，如此下去，要把品牌做好，做得更好，恐怕也难。

以上两个案例，都涉及小生产与大市场的困境，尽管与稻麦的表现特点有所不同。小生产，依然是一家一户的小农户生产；大市场，则表现为区域公用品牌。例如，秭归脐橙，是个区域公用品牌，使用这个品牌的产品，是大批量的；看到这四个字，消费者或者中间商，就会有一种特定的产品特征和品质的定位，他们对所有带有秭归脐橙品牌标识的脐橙，都寄予了同样的质量要求。而分散的小生产，不能很好满足这个要求。

在我国的农产品市场上，品牌的作用，已经变得越来越突出。随着经济发展，人们对食品消费的质量要求和安全要求，日益提高；在消费者的购买决策中，品牌的影响力越来越大。这是因为，消费者在日常性的购买中，无法直接判断质量与安全性，而只能借助于品牌。品牌，是建立在长期的口碑之上的，是对质量和安全性的保证。建立起一个品牌，需要长期努力的积累，而毁掉一个品牌，却只是分分钟的事。

区域公用品牌，是经过国家部门批准的一个区域中生产者所共同使用的品牌。毁掉这个品牌，一个生产者就可以做到；而保护好这个品牌，却需要区域内所有生产者和企业的共同努力。在保护区域公用品牌方面，农村专业技术协会，可以发挥关键作用。

农村专业技术协会，也是一种组织模式创新。其起源于改革开放初期的 20 世纪 80 年代，从技术服务起步，以农民科技示范户为首，以辐射农业先进技术为内容。当时，生产技术落后，尤其是农业机械化水平低，社会化服务缺乏，企业的技术服务差，更没有新型的合作社。因此，一时间，农村专业技术合作协会，呈现出风起云涌之势。到 20 世纪 90 年代中期，全国农村专业技术协会的数量，已经有十余万之多。

近年来，随着新型合作社的兴起，一些农村专业技术协会，已经演化成为新型合作社，或者两套组织并存，两块牌子，一套人马。在相对"松散型"的合作社中，农民仍然各自作业，合作社向农民提供技术咨询服务；而在"紧密型"的合作社中，农民自己不再对自家土地进行各种劳作，而全部托管给合作社，这样，也就没有了技术培训方面的需要。

但是，农村专业技术协会的适用范围，远远较合作社更为广泛；在合作社力有不逮时，协会却可以很好发挥作用。例如，上述的两个案例中，有诸多因素，限制了合作社的发展。难以实现机械化，可能是突出的原因；即便成立合作社，也仍然需要大量个体劳动者独自作业，但在管理上和经济上，就变得复杂多了。但是，建立专业技术协会，着力解决技术方面的问题，却是可行的。

在保护区域公用品牌方面，专业技术协会可以在技术服务的基础上，建立起一整套的有效措施。包括：全生产过程的技术方案、食品安全要求、质量标准要求、产品分级标准、区域公用品牌标识管理等。通过这些措施，提升和保证产品的质量与安全性，使得使用品牌标识的产品，名副其实。要想使用区域公共品牌标识，就必须加入协会，并遵守相关技术和质量要求。如果达不到一定的质量和安全标准要求，那么，就不得使用品牌标识。其实，专业技术协会做的这些事，也就是区域内的行业自律。我不久前在浙江，考察了安吉县白茶专业技术协会，这个协会就在上述方面，做了不少工作，提供了很好的经验。

农村专业技术协会的核心职能，是科学技术的普及推广应用。与国家农业技术推广部门比较起来，专业技术协会的特点，是围绕一种产品，提供其全部生产乃至营销过程的技术服务，具有突出的专一性、全程性和系统性。

在有区域公用品牌的地方，这种技术服务，更为全面，并且带有了行业协会的自我约束特点。协会在保护区域公用品牌的作用，包括技术方案、食品安全要求、质量标准要求、产品分级标准、区域公用品牌标识管理等，都与技术服务密切相关。

在农村专业技术协会发展的过程中，其功能也不断拓展，包括提供市场信息服务，市场营销引导，乃至提供价格指导等。不过，这些作用的发挥，也都离不开技术服务的基础。

　　这些年来，我国农业生产的区域专业化趋势日益凸显，尤其是某些高附加值产品的种植。例如，陕西省洛川县的苹果生产，眉县的猕猴桃生产，河南省鄢陵县的苗木生产，等等，全县农业土地的90％以上，都是专一的产品。农户的经营规模仍然比较小，但是，整个区域是连成大面积的种植。在这些区域中，通过专业技术协会的不同方式的技术服务作用，可以使得区域内不同农民的生产，实现优质化、规格化和标准化，实现区域上的规模化生产，满足大市场的需求。

38. 一二三产业融合的意义是什么

在近四年的中央一号文件中，一二三产业融合，都是最重要的关键词之一。不过，如何理解这个词，好像并没有明确的一致意见。

有人说，是产业化的升级版。而产业化本身，其实也没有很清晰一致的定义。

有人说，就是日本所说的六次产业。六次产业，是东京大学著名农业经济学家今村奈良臣提出的，指的是一二三产业密切结合，很难把其中的一二三产业明确地区分出来，而一二三无论是相加还是相乘，都是六，故称为六次产业。今村教授的词典中，在一二三产业之外，就另加了个六次产业。而我国有的学者做了引申，又加了个四产和五产，其实也还是属于第三产业，因此，没有流传开来。

我觉得，还是用一二三产业融合的说法，比较合乎实际，也易于理解。六次产业的说法，主要可能是强调其有乘数效果，意义重大，超越了一二三产业本身，但是忽略了一二三产业的密切关联性，或者说融合。并且，六次产业也有固化模式的含义，而实际上，一二三产业的融合，根据产品的不同，有着各种很不相同的关联方式和特点。

一二三产业的融合，就是农产品生产业、加工业和销售服务业的融合。融合，就是紧密关联，相互依存，相互促进。

一二三产业融合，与其说是一种政策主张，不如说是农业现代化进程中的自发演化形式之一。这种演化，主要是市场力量的作用。不过，政府可以通过总结不同做法和经验，进行引导和推动。

　　之所以要倡导和推动一二三产业的融合，是因为这种融合有很多好处。人们通常关注的是对农民生产者的好处，一般认为：仅仅从事农业生产，所得到的农产品原料价值比较低；而如果对农产品原料进行加工，就可以大大增值，增值数倍或更多；对农产品的销售服务过程，也能够实现增值。通过一二三产业的融合，农民就可以参与这种增值的分配，从而增加收入。

　　这种认识是对的，但还不够完整。我认为，在我国，一二三产业融合的重大作用，是解决好小农户生产与大市场需求的对接，使得千家万户的小规模生产者，能够较好地满足加工商（进而消费者）对产品的要求。这些要求，涉及品种、数量、品质、规格、品牌、安全性等方面。一二三产业的融合，使得生产者、加工者和消费者，都能够获益。生产者能够种得好，卖得出，卖得好；加工者能够获得所需要的原料，从加工中获得更大收益；消费者能够更好地满足食品消费需求。

　　例如，在粮食生产方面，无论是稻谷，还是小麦，如果小农户都是单打独斗，那么，就不能够实现优质优价，因为，加工商面对分散的各个农户，无法做到单独收购，单独运输，单独储藏，单独加工。而通过一定方式的产业融合，就可以比较好地解决这个问题。

　　在我国最大的稻谷生产省份湖南，我见到的新型合作社，就是如此。涉农企业（农资公司或稻谷加工企业）牵头，与农民组成了合作社。合作社为农民提供整个生产过程的作业服务，从整地、灌水、育秧、插秧、施肥、植保、收获到稻米加工。合作社社员采用同样的优质品种，同样的田间作业，生产出标准化程度很高的优质稻谷，统一加工后，统一销售出去，取得很好的价格收益，再以适当的方式返利于农民。

　　在我国最大的小麦生产省份河南，我见到的小麦生产合作社，具体特点又有所不同。这里，农民合作社并不自行进行小麦加工，而是与面粉加工商签订订单，生产专用优质强筋小麦。合作社自己并不进行面粉加工，可能是因为投入太大，销售面粉也不容易。合作社最大的作用，是与加工商签订订单，按照订单组织农民进行生产。订单中的主要内容，是对小麦品种和质量的要求，以及收购价格承诺——例如高于市场价格 10%。如果没有合作社，订单就不可能，因为，加工商无法同千家万户的农民签订订单。

一二三产业融合，很多情况下，是加工企业的带动作用。例如，红枣加工企业，能带动大量的农民种植优质红枣；生猪的屠宰加工企业，可以带动大量农民饲养生猪。也有这样的情况：第一产业的发展，催生了第三产业的发展。例如，在油菜种植地区，美丽的油菜花盛开时，可以催化观光旅游业的发展；西南地区的水稻梯田，也有同样的旅游农业效果。而一些生态园区的建立，更是把直接采摘、品尝、农家乐等，与水果、蔬菜和花卉生产，密切联系到一起，直接融合了一产和三产。

一二三产业融合发展，就是质量发展、绿色发展和高效益发展，是现代农业的新发展。因此，政府才积极倡导、引导、扶持和推动。

一二三产业融合发展，主要是市场机制和现代农业发展的结果；而政府的扶持政策，是重要外力。建议在第三产业（乡村休闲观光旅游）的建设用地方面，鼓励使用荒坡荒滩，放宽这些土地的用地限制，这既能够利用荒地资源实现建设目标，同时也可提升生态环境质量，并保护耕地资源；在第二产业的税收方面，保留地方税种，而在增值税方面给予一定的减免——直接减税比给予企业补贴，更有效率，更加规范公平；允许和鼓励不同方式的新型合作社的发展，只要有利于农民，农民自愿，就可以，而不是把是否返利分红，作为唯一标准。

39. 农村"三变"改革可以解决哪些问题

　　中央电视台拍摄一部大型方志纪录片，其中的一集是关于贵州省盘州市，邀请我对该地的"三变"改革问题，做些评论。本来以为是三五句话的事，就应允了。不料，编导组高度重视，拍摄前，拿出了详尽的采访问题清单，满满的两页纸。编导人员做了很多功课，采访过程中，又提出了不少清单之外的问题。他们的敬业精神，令我印象深刻。同时，他们提出的问题和提出问题的角度，也给了我不少启发，从而对"三变"问题进行了更深入、更具体的思考。

　　农村"三变"改革，即"资源变资产、资金变股金、农民变股东"，是国家现有改革大政和制度框架下，把农村集体组织自然资源和经济资源盘活的一种机制创新。2017年中央一号文件指出，"从实际出发探索发展集体经济有效途径，鼓励地方开展资源变资产、资金变股金、农民变股东等改革，增强集体经济发展活力和实力"。这样的表述，也是对"三变"的定位。

　　资源变资产，就是把农村集体的土地和设施，进行评估折价，变成可以入股的资产。对于贫困地区来说，主要是集体土地资源，包括林地、草地、荒山、水域等。此外，也可能有建设用地以及房屋设施等。

　　资金变股金，就是把国家的一些支农财政资金、村集体资金，变成股金。其中，来自国家的财政资金，主要是那些设施建设、生态保护、产业扶贫等方面的资金；所有直接补贴到人的资金，都不在此列。

农民变股东，就是把农民的农地经营权、宅基地的使用权，以及其他资产资金，评估折价入股。

概括地说，"三变"，就是把集体的资金和土地评估折价入股，让集体成为股东；把农民的承包土地和宅基地折价入股，让农民也成为股东。

农村"三变"改革，是一种机制创新。其并没有突破现有的大的制度框架，而只是对现有资源的一种整合，是资源使用方式的改变。一是基本产权关系，并没有发生变化，农业土地的"三权分置"制度，并没有发生变化，农民入股的，仅仅是农地的经营权和宅基地的使用权，而农地的承包权和宅基地的资格权，仍然在农户手中；二是农用土地的属性，并没有发生改变。也就是说，无论怎么变，耕地还是耕地，林地还是林地，农用土地的农业用途，是不能随便改变的。

"三变"改革的根本意义，在于其能够把农村集体和农民个人的资产盘活，用于回报率更高的农业经营项目。衡量改革是否成功，最终要看"三变"改革，能够给集体和农民带来多少实质性的收益。

"三变"改革是否能够获得成功，受到多方面因素影响。最根本的，是在两个关键环节，都要成功。

第一个关键环节，是能够实现"三变"。这又取决于两个方面：一是自身资源的利用潜力要大，可以进行生产结构调整，由生产大路货，转变为生产出高价值的产品。也就是说，可以进行特色种植业，如高价值的林果业、药材、茶叶、油茶、橄榄果、花卉等；或者进行特色养殖业，如散养的禽类、蛙、鱼虾蟹等；或者进行乡村观光休闲农业的开发，搞生态旅游、健康疗养、民宿度假、农耕教育等。一般说来，这应该是绿水青山风光美丽的地方，蓝天白云环境宜人的地方。这是必要条件。二是外部的企业要有眼光，能够看到这些资源潜力，并且有能力、有意愿，来开发出这些资源的潜力，把资源潜力变成现实，变成丰厚收益的产业。这是充分条件。

第二个关键环节，是"三变"之后，能够实现增收。"三变"，是把农村集体和农民个体变成股东。"三变"之后，集体和农民就一定会增收吗？不一定。关键还要看股权能否收益，也就是说，股权所代表的经营活动，是否能够获得高效益。这取决于各种因素，尤其是所入股的企业，是否有良好的经营能力。这包括：开发项目的选择，是否对路，是否瞄准了市场的需求；是否有足够的筹资能力，不因为资金链问题而拖长项目的建设期；是否能够很好地解决好项目所涉及的各种技术性问题，例如种植技术、养殖技术、旅游项目设计技术等；是否能够熟悉农民的特点，以适当的方式，最大限度地调动农民的积极性，让每个农民都全心全意支持项目发展，在项目工作中即便没有监督，也能够自觉地使出全力；是否在项目建成后，有很好的营销能力，把好产品卖出个好价钱；以及是否有公正之心，给集体和农民以合理的收益回报；等等。

"三变"改革本身，并不是目的；通过"三变"使得集体和农民增收，才是目的。为此，合作企业的选择和引入，就极端重要。是主动外出招揽企业？还是坐等企业上门来？引来的企业是否靠谱？这是对村干部态度和能力的考验。如果村干部有过外出打工经历，甚至有创业经验，那么，对于积极稳妥推动"三变"改革，通常具有较好作用。

那些看重乡村振兴机会，愿意到农村投资的企业，除了要有战略眼光之外，也要特别重视和解决好一个重要问题。这就是：无论项目回报期的长短如何，无论使用什么办法，都要在短期内，让农民获得收益，至少能够得到一个保底性质的收入。这是因为，那些有条件进行"三变"改革的地方，通常都是在山区丘陵区，农民普遍收入水平较低，可能不少还是贫困户，如果在数年之内没有收入或收益很少，他们是难以承受的。

企业的选择，无非是两个：一种策略，是在项目选择上，长短结合，既着眼于长远的收益，也搞一些来钱快的项目，让农民在短期内就看到好处。另一种策略，是注重长线项目，志在远期高回报，那么，就要想办法先筹措一些资金，先给农民支付一定的保底性收入。这样做，不仅仅是维系农民生计的需要，也有助于增强农民对项目发展的信心，积极支持项目建设，让项目开展得更顺利。

40. 如何看待企业在乡村振兴中的作用

不久前，我先后参加了全国政协、中国科协组织的农业农村调研活动，调研的题目包括一二三产业融合、合作社、农村专业技术协会等。在调研省份中，包括河南、陕西、湖南和浙江，都看到了一些很好的案例。

在河南黄河边的一个古渡口，正在进行一个荒野村庄的改造。陪同人员口若悬河，介绍着历史典故、文化特色、规划构想、实施步骤等。我插问了几个问题，也立刻得到了清晰的解答。我一直以为她是村干部，后来才知道，她是企业的项目经理。

在湖南考察了好几个稻谷合作社，这些合作社，都有一个牵头企业——都是涉农企业，包括稻谷种子公司、稻谷加工企业、农资流通企业等。

在陕西眉县考察猕猴桃的种植，该县猕猴桃协会的负责人，同时就是一个猕猴桃种植、收购、储藏和销售大型企业的董事长。

此外，还有一种方式，企业与农户的关系更为直截了当，这就是：公司＋农户。此前，我的短文《如何理解小农户的小》，在农民日报专栏发表之后，手机端有读者留言，谈到了湖北浠水县的一个实例：一个养猪企业，与山区贫困户签订合同，实行统一供仔猪、统一技术指导、统一供应饲料，各户分散饲养之后，再统一收购。该读者以此案例说明，这种方式，也能够破解小生产与大市场的难题。这是对的。

总而言之，要破解小生产与大市场的矛盾，需要有各种新型经济组织方式。而各种新型经济组织方式，尽管彼此特点不同，但通常都有一个共同之处：都有企业的积极参与。

事实上，这些企业，不仅仅是参与者，更是发起者和推动者。它们的作用，对于新型经济组织的建立，是催化剂和黏结剂；对于新型经济组织的运行，是发动机和方向盘。这些企业，以农村内生的为主，包括农业生产企业和涉农企业（农业服务业）。

我不由地想，这其间的内在原因是什么？

答案只能是：这是一种双赢，农民和企业，都能够获得好处。这需要两个条件：新的经济组织，能够带来更多的收益；农民和企业，可以分享这些新增的收益。也就是说，要先把蛋糕做大，然后在农民和企业之间，进行合理分配。

要把蛋糕做大，有各种不同的方式和渠道。概括起来，不外乎这样几种可能：第一，比原来产出的数量更多；第二，比原来产出的质量更好；第三，比原来销售得更贵；第四，比原来耗费的成本更少；第五，拉长了产业链，深加工产品增值更多；第六，开发出资源利用新方式，新产品产出价值更高，这包括特色种植、特种养殖、乡村休闲旅游等。

把蛋糕做大，这是基础，最重要，也很不容易。需要想到好点子，懂得新技术，会算经济账，还要能筹资，添置新设施。这些事情，光靠农民自己，是很难做到的。单个农民不行，把全村农民简单集合到一起，可能也不行。因此，农民需要外力，这个外力，要有能把蛋糕做大的所有条件，只能是企业。农民做不到的，企业可以做得到，例如规模化标准化的生产，满足大市场的需要，开发农业的多功能性，开展乡村休闲旅游等；农民能够做到的，企业可能做得更好，例如工厂化育秧，无人机植保，机械化耕种收等。

农民需要企业。与企业联系得好，农民就有更多的收入途径：一是把土地交给新的经济组织统一经营，获得保底性质的地租收入；二是到新的经营组织之中劳动，取得务工收入；三是有可能获得一些分红。即便在"公司＋农户"的养猪模式下，农民也能获得不少好处：可以有稳定而相对便宜的投入品（仔猪和饲料）、有生产技术指导、有稳定的销售保证，从而增收稳收。

而企业，也需要农民。企业的目标和兴趣，也是增收，这需要开发各种生财之道。在农村，几乎所有的生财之道，都离不开一样东西：土地。企业对农民的需要，首先就是对土地的需要。这包括各种类型的土地：耕地、林地、水面、荒地，这些土地，不光有农业价值，也有休闲旅游价值。此外，还有宅基地，也就是建设用地。这些土地，在农民的手上，通常使用效率不高，潜在价值发挥不够。企业需要的，是按照企业的经营方案，去利用这些土地，发挥出最大利用价值。例如，搞粮食加工的企业，通过新的经济组织，就可以指导和要求农民，采用相同的优质品种，进行标准化生产，获得优质原料。又如，进行果茶药材等高附加值产品的生产；或者，在自然条件优美的地方，增加些新的设施条件，开展乡村休闲旅游项目。

企业的积极作用，本质上，就是优秀企业家的作用。他们视野开阔，在认识、开发和配置资源方面，眼光独到；他们关注党的三农大政，对文件的学习领会深度，比很多干部还好；他们对市场规律和行情趋势的把握，不仅远远超过农民，甚至比学者们都敏锐准确；他们通常与三农有着千丝万缕的联系，或者就是农民出身，或者长期为三农服务；他们是"懂农业、爱农村、爱农民"的典型。

当然，毋庸讳言，并不是所有的企业都做得很好。尤其是早些年，有的企业进入农业，动机不纯，是想拿到土地，然后再变相改为非农业用地。当做不到这一点后，企业就经营不下去，老板就跑路了。还有些企业，动机虽然良好，但低估了农业的复杂性，也会失败。尤其是有的人，既不懂农业，也不懂农民，以为到农业农村淘金是很简单的事，不做好功课，就一个猛子扎进去，遇到挫折后，就怨天尤人，说受了"三农利好"说法的蒙骗。

展望未来，通过企业参与，以各种方式与农民结合，解决小生产与大市场的矛盾，快速实现农业现代化，可能是中国特色农业现代化的重要特征。这个过程，基本上是市场配置资源的过程，是农民与企业的你情我愿。当然，政府的作用，同样非常重要，主要是进行宏观管理指导服务，如土地利用规划、各种公共服务、市场规范管理等。

41. 推行订单农业最关键的是什么

2018 年 4 月，我随一个调研组到河南，进行一二三产业融合的调研活动。期间，到一个大型面粉加工企业，进行了座谈。座谈的重点问题是，作为二产的加工业，通过什么方式与一产相融合？或者说，加工企业如何与农民对接？该企业负责人介绍，主要通过订单方式。大家就此进行了一番讨论。

为更具体地了解和理解订单的作用，我向他们要了份实际合同的复印件，作为样本。这份订单合同样本，提供了很多重要的启示。

合同的标题是"订单种植强筋小麦回收合同"。从题目，可看出约定的两个要点：农民要种植强筋小麦，企业要进行回收（收购）。合同的甲方是小麦加工企业，乙方是小麦生产者。

合同共 10 条内容，除了一些一般性要求，包括品质质量规范标准、收购时间、收购方式、付款方式、争议解决等，最重要的明确约定，是两条。

一条是，明确约定了种植小麦的品种和种植面积。种植品种是"新麦 26"，种植面积是 2 048 亩，预计产量 1 024 吨。要求生产者按照这个品种和数量，种植和出售小麦给该加工企业。如果超产，应优先销售给该加工企业。

另一条是，明确约定了收购价格。即，比普通小麦市场价格高10%。小麦市场价格采用甲方企业的普通小麦公开挂牌收购价格。

从这份订单和相关的讨论中，可以看出订单农业的重要意义。

第一，把质量兴农落到实处。政府号召高质量发展，最终还是得生产者愿意种植优质产品，这就需要优质优价。优质产品的生产，总与普通产品有些不同。如果不能优质优价，生产者就不会有积极性。

第二，把优质的标准落到了实处。有不少品种，在试验田中是优质，而到了农民的大田里，就不行了：或者是抗性太差，或者是产量太低，等等。在订单农业中，是否优质，光科研人员说，还不算数，还要听消费者和生产者的意见。从合同上看，是企业主导，这是对的。因为，企业主导，就是消费者主导。因此，在订单农业成为主要趋势时，科研人员培育的优良品种，就要首先获得加工企业的认可，加工企业认可的优质，才是真正的优质。而加工企业，是绝对造不了假的，否则，就要付出实际的经济代价。同时，也需要生产者的认可，优质的同时，产量也不能差，否则，农民也不会愿意种。

第三，通过合作社组织，把订单农业落到了实处。与该加工企业签订订单的生产者，大的，面积超过万亩，小的，也超过千亩。河南省农户的平均占地规模只有 6 亩多点。因此，该企业签订订单的乙方生产者，除了个别种植大户，基本上都是合作社。这是极为关键的一点。可以说，对于大田生产来说，没有合作社，订单农业就难以存在。这是因为，加工企业，是没有办法与成千上万农户去一一签订订单合同的。因为，那太麻烦，并且，农民如果不想卖给你，签了也是白签——企业没有办法与数量众多的小农户去打官司。

调研中的另一个深刻感受，是加工企业对订单农业的渴求，极为强烈，甚至比农民生产者更为迫切。因为，优质，意味着更好的市场，更高的收益。而没有订单农业，获得规模化的、规格化的优质原料，就非常困难，乃至不可能。

订单农业，其实并不新鲜。最早的订单农业，好像是肉鸡饲养中的"公司＋农户"模式。之所以肉鸡生产成为先行者，可能是因为肉鸡生产规模的扩大，比较容易。类似的模式，后来又发展到生猪等。

对于蔬菜和水果来说，订单农业的需求，生产者更为迫切。这是因为，蔬菜和水果与粮食作物还不一样，自己食用的比例很低，主要是为市场生产；产品的市场波动性大，风险性大；难以储藏运输，储运成本很高。

农村土地实行了"三权分置"之后，土地流转的速度加快，会出现一些专业大户，一些雇工农场；同时，各种新型合作组织的发展也大大加快。这些发展趋势，都为订单农业的发展，提供了非常有利的条件。未来，我国现代农业的发展，一定与订单农业发展，密切联系在一起。

最后指出，无论在任何情况下，订单农业之推行，最关键的因素，是协议合同的执行。或者说，是商业诚信。没有诚信，就难有订单农业的发展。

政府可以从多个方面推动订单农业的发展，但最关键的，还是如何强化和保障商业诚信。一方面，政府自己不要乱出政策，干扰订单合同的执行，哪怕是无意之中（现实中，发生过这样的事情）；另一方面，政府要通过宣传引导协调等温和的方式，促进订单的实际执行，防止毁约行为，而不是非要靠打官司的办法。毕竟，诚信，也是社会主义核心价值观的重要组成部分。

42. "粮食银行"是怎样一种创新

粮食银行，并不新鲜，最早出现在 20 世纪 80 年代末期；90 年代初，一度成为农业方面的热词。只是，好像时间不很长，就慢慢消声了。具体原因，可能比较复杂。不过，近两年来，粮食银行，又重新出现星火之势。

根据各个方面的信息，现在叫做粮食银行的，内容并不很一样；或者说，粮食银行，有不同的模式。

不久前，在湖南考察一个稻谷合作社时，意外发现，该合作社也开办了一个粮食银行。这个粮食银行，运行机制框架设计，相当周密，考虑到了各个方面的因素。运行效果也非常好：对生产稻谷的农民，很有帮助；对于加工粮食的合作社，很有好处。同时，也较好地规避了粮食银行的风险问题。

该合作社建立粮食银行的主要目的，是想让农民最后把粮食卖给合作社，合作社能够获得稳定的优质粮源，加工优质大米出售。

这个粮食银行，主要有这样几个特点。

首先，这是合作社提供的"九代"服务中的一项：代储藏。在播种季节前，农民就确定了把粮食存进粮食银行的意愿，并签订合同。粮食银行也就提前获悉，收获季节后，会有多少粮食储存到粮食银行中来，知道需要准备多大的仓库库容。储藏期满后，如果农民决定把粮食卖给合作社，则不仅不需要交储藏费用，而且还有其他优惠。如果不想卖给合作社，则需要支付储藏费用（标准是：第一个月 20 元/吨，第二个月开始为 5 元/吨）。实际上，储藏期满后，农民通常是卖给合作社，因为有多种好处。

收获之后，农民的粮食运送到粮食银行，粮食银行对粮食进行称重和检测。检测的内容包括水分、杂质、出米率等。水分和杂质等达到了国家规定的基本要求，就按照稻谷的具体品种，分别计价，分别储放。其中的出米率指标，还与后期的分红有关。出米率高的，通过二次分红方式，给予奖励。

农民在粮食银行储藏粮食，期满后出售给合作社，可以享受到以下好处：

第一，有保底收购价格，相当于国家的最低收购价格。这个保底收购价格，在实际收储粮食时确定，采用当时的实际市场价格。

第二，具体的保底价格，实行优质优价。例如，2017 年稻谷收储时，不同稻谷品种每斤的保底价格是：玉针香 1.80 元，粤王丝苗 1.55 元，创宇 9 号 1.50 元，湘晚 12 号 1.45 元，黄华占 1.40 元。

第三，根据储藏期长短，在保底价格的基础上，进行加价。储存期长度分别可为 3 个月、6 个月、12 个月。实行加价时，也是优质优价。例如，优质稻谷品种玉针香，保底价格最高，加价也最高：3 个月每斤加价 5 分，6 个月加价 0.1 元，12 个月加价 0.2 元；品质差一些的黄华占稻谷，对应三个储存时间段每斤加价的幅度，分别为 2 分，4 分和 8 分。两种稻谷存入粮食银行所获得的年利率，分别为 11.1％和 5.7％，均远高于银行存款利率。就此，调研中有专家说，这样的粮食银行，比银行更像银行！

第四，储藏到期后，农民将稻谷卖给合作社。如果市场价格低于保底价格（含储存期加价），则按照保底价格计价。如果市场价格高于保底价格（含储存期加价），则按照市场价格计算。

第五，只要将稻谷卖给合作社，就不需要支付储藏费用。

第六，农民把粮食存储到粮食银行，可以拿到相应的粮食存折。存折记录所存入的粮食品种、数量和当日的粮价。可以凭存折在公司创立的电子商务平台（有农业生产资料和生活用品），以信用形式购物，信用额度为存粮金额的百分之七十。

通过以上描述，可以看出，通过这样的粮食银行，农民可以获得很多好处：解决了自己储粮的各种困难，还不需要支付储藏费用；有了托底收购价格保证，避免了价格下跌风险；种植优质稻谷品种，可以获得更高价格保证；在储粮过程中，当市场价格明显走高时，还可以出售，获得高价格，避免了收获时就出售的低价格风险。等等。

合作社在提供粮食银行服务时，也获得了重要的好处，主要是：为其稻米加工，获得了高质量稻谷的可靠原料保障；避免了收获季节集中收购的巨大资金压力。这样的粮食银行，对农民有很大的吸引力，也为农民加入稻谷合作社，提供了强大的动力。合作社提供"九代"服务，最后的"代储藏"和"代销售"，就是通过粮食银行，获得了可靠的保证。

在粮食银行的运行过程中，合作社也面临着一些风险点。一是粮食储藏方面的设施和技术问题，这是粮食储藏企业的共性问题。合作社可以通过自己的努力解决，也可以通过把储藏服务转包给专门的粮食储备企业。二是粮食银行利息的负担。合作社给农民发粮食储藏利息，增加了收购成本，但也避免了合作社从银行贷款收购粮食的利息负担。普通稻谷，两者大体可以持平；优质稻谷，支出要更多一些，而多出的差额，可以通过优质稻米的高价格，得到足够的弥补。三是价格风险。合作社可以在收储稻谷的同时，到期货市场上，进行大米期货的套期保值，来规避价格变化的风险。

同样名义的粮食银行，并不是个个都成功。这个粮食银行运行了两年，效果较好。最主要的原因，我想有两条：第一，这是稻谷生产合作社办的。粮食银行的运行，与合作社提供的其他各项生产服务，密切联系在一起，从而，既能够让农民有获得感，也能放心。同时，合作社较好地减轻了收购资金压力，并可靠地获得了优质稻谷原料保障。粮食银行的各种运行成本，也能够降低到最低程度。第二，操作机制的设计，相当周密细致。既考虑各种可能情况，又充分保证农民与粮食银行（合作社）的双赢，让两个方面都有高度的积极性。通过粮食银行的机制，既能够为农民提高最低收购价格保障，又能够优质优价，还能够获利，不需要国家补贴，并且是通过市场配置资源。

这样的粮食银行，利民利国利商，值得关注，值得推广。

43. 如何制定和实施乡村产业发展规划

记得在十多年前，我在延安干部学院参加农业系统的院士专家学习班。期间，洛川县领导带队来，举行洛川苹果产业发展规划论证会。我受邀参加了论证会。会上获悉，洛川县农地面积的 70% 以上栽植苹果，农民收入的 90% 以上来自苹果。县领导很认真地问了我一个问题：对洛川苹果产业发展的风险，如何评估？

经济学上有句俗语：不要把所有的鸡蛋都装在一个篮子里。县领导显然知道这句俗语。我回答说，风险，有两种：技术风险和市场风险。技术风险，包括病虫害等，要问他们（在场的果树专家）；市场风险，我可以回答：基本没有。理由是，洛川苹果的产量，占全国的比例，不到 2%；而洛川苹果的质量，是高端乃至顶尖的。如果出现市场卖难问题，倒霉的一定是低端产品，影响不到洛川苹果这样的质量顶尖产品。

十多年过去了，我没有看到洛川苹果卖难问题的报道。从统计数据上看，十年间，洛川苹果的面积基本没有变化，保持在 50 万亩左右，而苹果产量从 56 万吨，增加到 86 万吨。同期农民人均收入从 4 020元，增加到 12 786 元，增幅为 2.18 倍。另据报道，现在，苹果收入占到农民人均纯收入的 95%，全县每 3 户农民就有一辆小汽车。

举这个例子，是想说明，我国农业要解决好小生产与大市场的矛盾，区域专业化是必经之路。一县一品（或几品），是可行的，是有利的。其中最关键的是，这一品，同其他地方比较，一定要做到品质最优。而要做到品质最优，最关键的是，自然条件最适合，具有绝对比较优势。有了这个关键基础，其他的问题，包括技术问题、设施问题、投入问题、营销问题，等等，都是可以解决的——至少可以逐步解决。洛川苹果品质优异，自然条件优势是最关键基础。其他措施条件，例如如何施肥，如何管理，都很重要，但是，没有独特的自然条件优势，这些措施都无济于事。南橘北枳，古人都懂。

在乡村振兴中，在精准扶贫中，产业发展都是重点。而要实现这一点，就需要做好产业发展规划，做到一县一品，至少也要做到一县几品。

在一个区域内，产业发展规划的制定，需要政府出面组织；产业发展规划的实施，则主要是靠市场机制。具体的思路是：政府谋划，科技支撑，企业牵头，农民跟进。

政府谋划。出面谋划产业发展方向的，应该是县级政府，尤其是对大宗的产品，比较容易储藏或者加工后易储藏的产品，包括粮棉油糖、果茶烟麻等。一个县域内，自然条件大体相同，也有一定的规模。对于比较特殊的小宗产品，以乡镇为单位，也是可以的，例如某些蔬菜，或者乡村旅游等。政府组织科技人员和经济专家，对当地的自然条件、产业基础、交通条件等，进行系统的调查比较和分析研究，拿出初步的方案。然后，邀请行业内的专家，对主导产业的发展方向，进行论证。

科技支撑。这方面的主角是科技人员。在规划阶段，科技人员的最关键作用，是对自然条件进行系统的分析，确认具有生产出优质产品的自然基础条件。主要自然条件，如温度和温差，降雨和日照，是难以改变的；有些自然条件，例如土壤，虽然可以改变，但是成本往往很高。要对该产品国内乃至国际的最优生产区条件，进行比对，确认本地区具备比较优势。对于大田作物来说，除了自然条件，还有一个重要因素：能否适于机械化。劳动力成本的不断提高，是我国农业的必然趋势，如果不能够实现机械化，那么，就不可能具备比较优势。例如，20 年前，河南省是我国的第一棉花生产大省，棉花种植面积为 1 500 万亩，而近些年急剧减少，现在仅仅为几十万亩。主要原因，就是因为种植棉花耗费劳动力太多，成本太高，而又难以实行机械化。以前的棉田，现在都改种玉米和小麦了，因为便于机械化。在实施规划时，更需要科技人员提供整个生产过程的技术服务支撑。

企业牵头。当一个县域内集中发展一个产业时，企业的参与，是必不可少的。企业参与的方式，可能涉及到各个过程，包括生产、储藏、加工、销售等。例如，洛川县从事苹果产、贮、加、销的企业就有 50 多家，其中具有自营出口权的企业共 12 家；气（冷）库 455 座，总贮藏量达 20 万吨；果袋果网生产厂 24 家，年生产能力达 20 亿只；苹果深加工企业 3 家等。区域专业化的生产，给这些企业提供了经营空间和舞台；而这些企业的建立，又强化了区域专业化的市场优势，促进了区域专业化的水平提升。

农民跟进。如果把前面的工作做好了，有了企业或者若干农户的示范，农民的普遍性跟进，就是很自然的了。可以通过建立专业技术协会的方式，为农民提供系统的技术咨询服务。

这里主要以洛川苹果为例，重点说明了政府要发挥规划引导作用，推动农业区域专业化的发展。只有这样，才能够做大做强农业产业，才能够做出做好区域品牌，才能够最好地发挥出地区比较优势，最好地实现资源配置的优化。

各地的情况不一，不一定就是一县一品，也可以是一县几品。例如，四川省蒲江县经过近年来的发展，形成了一县三品的农业产业结构，即蒲江丑柑、蒲江猕猴桃和蒲江雀舌茶叶三大产品，都是地理标志产品。三种产品合计，在蒲江县的种植面积中和农业产值中，都占到了90％左右的份额。

最后，再强调一下政府的重要作用。早些年，有些地方政府在调整生产结构时，瞎指挥，犯过错误。犯错误的主要原因：一是违背自然规律，盲目跟风，没有进行科学决策；二是违背农民意愿，强迫命令。否定这些错误做法，并不能否定政府的重要作用。这里说的产业发展规划，最关键的是科学决策，是建立在对自然条件优势和市场经济因素的准确认识基础上的。

政府的作用，不再是直接指挥，而是提供咨询服务。政府的积极作用，表现为科学地确定资源优势的利用方向，提供科技服务，引进龙头企业，帮助个体农民，以及可能的基础设施服务等。通过这些方面的服务，既可以促进传统优势产业的快速发展和提质升级，也可以引进新的潜在的优势产业。

44. 如何认识中美贸易战中的大豆问题

中美贸易战，到底还是被美国引爆了。贸易战中，没有赢家，都是输家。区别只是在于，谁受伤较少，谁抗性更强。

从经济学上看，国与国之间的自由贸易，同人与人之间的自由交易，道理是一样的，只要没有坑蒙拐骗行为，就是共赢，买卖双方都获益。只是，国与国之间的贸易关系，经常受到政治因素的干扰。这一次，美国发起贸易战，绝非仅仅是经济原因。我国被迫反制，也不可能仅仅考虑经济因素。只是，对于可能产生的不利经济影响，应全面深入准确分析，早做思想准备，及时制定有针对性的预案。

首批被美国加征 25% 关税的中国出口产品，价值为 340 亿美元，其中没有农产品。而中国的反制措施中，农产品唱主角：所涉及的 340 亿美元美国产品中，农产品约为 240 亿美元，其中大豆就占 140 亿美元。其他产品的情况是：猪产品（主要是猪杂碎）12 亿美元，棉花 10 亿美元，高粱 10 亿美元，水果 6 亿美元，乳品 5 亿美元，小麦 4 亿美元，坚果 4 亿美元，玉米 2 亿美元，其他产品 50 亿美元。因此，大豆，是重点和焦点。

这件事，令人感慨不已。曾几何时，面对进口大豆的大幅度增长，有些人忧心忡忡，说，一旦产生国际纠纷，出口国会用这个当武器，卡我们的脖子。现在实际发生的情况，是对这种传统认识的彻底颠覆。这一点，可以算作这次贸易战带来的意外附加收获。这对于今后我国适当增加土地密集型产品的进口，减轻国内土地资源和生态环境压力，有着积极的作用。这似乎说明，在高科技产品国际贸易方面，可能是卖方市场（中兴的案例），而在农产品国际贸易方面，可能还是买方市场。

据联合国粮农组织数据，2006—2016 年，世界大豆生产大幅度增加，从 2.2 亿吨增加到 3.3 亿多吨。其中，美国、巴西和阿根廷三国合计从 1.8 亿吨，增加到 2.7 亿吨。无论是生产总量，还是生产增加量，三国的比重始终占 80％左右。同期，世界大豆出口数量也大幅度增加，从 6 800 万吨增加到 1.34 亿吨。其中，美国、巴西和阿根廷合计从 6 100万吨增加到 1.18 亿吨，三国在世界出口总量中占 88％。同期，中国大豆进口从 2 800 万吨，增加到 8 400 万吨，增加了 5 600 万吨。也就是说，同期世界大豆出口增加数量的 83％，出口到了我国；世界大豆出口乃至生产的大幅度增加，主要驱动力是中国的进口需求增长。

据美国有关部门的数据，2017 年，美国大豆总产量近 1.2 亿吨，出口 5 900 万吨，其中 3 286 万吨出口到中国。美国大豆种植农民（soybean farmers）约 30 万人，主要分布在伊利诺伊、爱荷华、明尼苏达、北达科他、南达科他、印第安纳、密苏里等中部各州，占美国农场总数的 15％左右。中美贸易战中，美国大豆农民所受到的冲击，可能是最集中和最突出的。所直接影响到的人口数量（包括农场主家庭成员和农场雇工），估算可达 200 万人。

那么，对美国大豆加征 25％的关税，对我国的大豆进口和消费，会有何种影响呢？

2017 年，世界大豆出口总量为 1.47 亿吨，其中美国出口 5 900 万吨，是最大的出口国；其他国家出口 8 800 万吨，主要是巴西和阿根廷。我国进口大豆 9 553 万吨，其中来自巴西 5 093 万吨（占 53％），美国 3 286 万吨（34％），阿根廷 658 万吨（7％），乌拉圭 257 万吨（3％）。

　　静态地从这些数据看，我国如果不从美国进口大豆，那么，即便把所有其他国家出口的大豆都买来，也不够我国的进口需求。与此同时，我国每年大豆进口数量还大幅度增加，近 10 年来，平均每年增加 650 万吨左右。我国 2017 年国内大豆生产为 1 455 万吨，历史上最高纪录不到 1 700 万吨。随着大豆价格的升高，国产大豆的数量可能会增加一些，但也不会很多，主要受到土地面积的限制。主要大豆生产地区黑龙江省，现在大豆的面积已经超过 4 000 万亩，考虑到重茬迎茬等问题，进一步扩大的潜力不大。其他地区，种植大豆的收益不如其他产品（主要是玉米），因此，也不太可能扩大很多。我国现在的大豆进口数量，如果靠国内生产，把东北和华北地区的所有土地都拿出来，也不够。更进一步说，大豆单产水平低，属于土地密集性产品，多进口大豆，是符合比较利益原则的。

　　综合起来，可有两种选择：一是不从美国进口。那样的话，即便可以从别的国家多增加一些进口，也不会很多，其他国家不可能把所有的大豆出口，都销往中国。这样，我国每年的大豆缺口，至少会有一两千万吨；二是继续从美国进口大豆，加征 25％进口关税。

　　无论实际的情况怎样，都会引起大豆价格的升高。不过，这种价格的上涨，对于 CPI 的直接影响不会大。有人计算，大豆加税之后，对国内 CPI 的影响大致为 0.1％左右，最多不超过 0.4％。

　　需要注意的，可能不是对 CPI 的直接影响，而是对畜禽生产的影响。进口大豆不是消费品，而是加工成为植物油和豆粕。其中，豆粕是生产资料，是最重要的蛋白饲料来源。豆粕价格升高，就会影响农民养猪养鸡的积极性。如果豆粕价格上涨过高，引起猪肉和家禽生产的减少，那就会引起猪肉和禽肉价格上涨。如果这种变化，与生猪自身的蛛网波动周期相叠加，就会产生很大的影响。我国居民猪肉消费的弹性很小，一个不大幅度的数量变化，就会引起一个很大幅度的价格变化。

2006—2007 年间，猪肉产量减少了 363 万吨，减产幅度不到 8%，而价格上涨的幅度却很大，在 60% 以上。

综上所述，这次贸易战中，最值得警惕的，是防止豆粕价格上涨引起肉类生产下降，产生较大的肉类价格波动。要及时研究如何扶持国内畜禽业发展，减少大豆进口加税对畜禽生产的不利影响，尤其是要防止成本变化与猪肉生产周期相叠加，导致猪肉价格大幅度上涨。

45. 我国粮食需求的变化趋势是什么

2018 年中国农业展望大会，4 月下旬在京召开。从 2014 年开始，大会每年召开一次，对各主要农产品的供求形势及相关问题进行分析与展望。大会的影响力不断扩大，一些重要国际组织和农业大国派员参加。我应邀在大会上作了报告，选了我国粮食需求的变化趋势做主题。

为什么要选择这样一个题目？一是因为重要，二是因为我长期关注和研究，三是观察到若干重要发展趋势，想提出来引起大家注意，有所警觉，做更深入的研究，并纳入中长期发展战略考虑。

先说下粮食消费统计上的概念。首先，分直接消费和间接消费。直接消费，就是口粮消费；间接消费，是指吃的肉禽蛋奶鱼等动物源食品中所包含的粮食，即生产这些产品所消耗的饲料粮。按照一定的饲料转化率标准，可以根据这些产品的数量，计算出饲料粮数量。另外，国家统计部门的统计口径，城市家庭与农村家庭，是不一样的。城市家庭中的口粮是成品粮，如大米和面粉；而农村家庭，则是原粮，如稻谷和小麦。原粮可以大致按照 0.7 的系数，折算为成品粮。

第一个判断，未来的一段时间内，我国人均粮食消费数量，还将不断增长。首先，城镇人均的直接消费量已经十多年保持稳定，而动物性食品继续增长；同时，农村人均的直接消费量呈继续下降趋势，但趋势减缓，动物性食品增长趋势较强；更重要的是，人口结构持续发生重要变化，每年新增城镇人口超过 2 000 万人，而农村居民人口持续减少，由于城镇人口的人均粮食消费总水平显著高于农村居民，因此，即便人口总量不变，城市比重的增加就意味着粮食需求的增加；最后一点，也非常重要，就是农民工的粮食消费水平，比统计部门调查的城镇和农村家庭人均粮食消费水平，都显著为高。中国农业大学典型调查的结果显示，农民工的人均粮食消费水平比农村居民高出 50％左右，比城镇居民高出 30％左右。其间的道理不难理解：农民工比农村人口收入更高，而比城镇人口劳动强度更大。这四个因素的综合作用下，我国人均粮食消费水平肯定还会继续有所增加，估算每年增加 0.5％以上。

与此同时，我国每年人口总量继续增加，每年为 0.5％～0.6％。把人均粮食消费增长和人口总量增长两项因素综合起来，可以推断，我国粮食消费总量每年增长的幅度，应在 1％以上。

第二个判断，人均大米的消费量，应该是稳定乃至缓慢下降的。从生活经验上看，城市居民尤其是年轻一代，面食消费渐长，替代大米，在早餐方面表现最为明显。从统计数据看，近 7 年来，人均稻谷生产数量保持为 150 千克左右，并没有明显增加。但是，目前稻谷的过剩库存却是较多的。过剩库存量，如果大于进口数量，那就意味着人均消费量下降了。

如果这个判断成立，那么，未来，我国大米（稻谷）的总需求量增加速度，最大不会超过人口增长幅度，即小于 0.5％。国内生产的增长，应该可以满足这个要求。

第三个判断，人均小麦的消费量，应该是逐渐增加的。同稻谷比较，近 7 年来，人均小麦生产数量是增加的，从 86～87 千克，增加到 93～95 千克。而小麦的过剩，并不像稻谷那样突出。对小麦需求的缓慢增加，应该主要发生在城镇人口中间，既包括中式饮食习惯变化，也包括西式饮食的影响。如果由于主产区水资源等因素的约束，国内小麦生产增长速度落后于需求，进口需求就要增加。此外，再把小麦品质方面的原因考虑在内，进口需求增加的可能性就更大。小麦的国际市场容量很大（目前每年出口超过 1.8 亿吨），对我国增加些进口，不构成限制因素。影响进口的关键，是小麦进口配额制度。

第四个判断，大豆的需求总量，会继续增加。这一点，几乎毫无悬念。人口总量会继续增加，人均肉禽蛋奶消费数量也会继续增加，这两个因素叠加，必然要拉动饲料需求的增加，拉动豆粕需求的增加。出于各种原因，国内大豆生产不可能大幅度增加，因此，进口的增加，是势不可免的。

第五个判断，玉米的需求数量，也会增加，道理同大豆。不过，在相当长一个时期内，国内的玉米生产能力，可以满足需求的增加。附带说一句，我国玉米生产能力的大幅度增加，超出了国内外几乎所有专家的预料和预测。20 年前，专家们争论的，不是是否会进口，而是进口会多大，是 5 000 万吨，还是 9 000 万吨。

最后，再提一句马铃薯。对马铃薯的需求，肯定会继续增加。只是，马铃薯对主食的替代作用，可能主要是大米，而不是面粉。对面粉的替代，尽管在营养价值上有优势，但既受市场价格限制，也受消费者口味的影响，可能非常有限。对马铃薯需求的增长情况，主要取决于城市化情况和马铃薯西式消费方式的扩展速度。

以上判断，都是初步的。有关研究人员可以深化分析研究。其中第一个判断，最值得特别关注：未来一个时期中，我国粮食需求增长的压力，仍然是持续增加的。当前的过剩，不是长远趋势。藏粮于库，只能管眼前；藏粮于地，藏粮于技，才是长远之计。这需要久久为功，坚持不懈地努力和加大投入。

46. 怎样才能够做到藏粮于地

2016 年的中央一号文件，提出了"藏粮于地"的理念。这是一个很重要的新理念，其对应的是"藏粮于库"。提出这个新理念的背景，是粮食过剩突出，库存爆满，尤其是玉米和水稻。藏粮于地的意义在于：粮食过剩的时候，需要减少生产；但是，生产能力不能减少。藏粮于地的理念，非常正确；藏粮于地的做法，需要研究。

要做到藏粮于地，关键是两点：第一，保住耕地面积；第二，提高耕地质量。

保住耕地面积是基础。在城市化、工业化和现代化的进程中，只要搞建设，就必然要占地。根据国家相关部门数据，近 10 年间，由于城乡建设、灾毁等原因，我国耕地面积共减少了 5 143 万亩。同期，通过土地整治等措施，新增加了 4 451 万亩，即净减少了 692 万亩。未来，占补平衡的压力会更大。尽管我国实行了最严格的耕地保护政策，划定了基本农田，但是，耕地面积减少的趋势，仍无可避免。保护政策执行得好，减少的会少些；执行得不好，减少的会更多。

提高耕地质量是关键。在提高耕地质量方面，有多种措施。其中讨论得最多的是：土地整治、农田水利工程、耕地质量保护、休耕轮作。

土地整治，其实也就是高标准农田建设。中央一号文件中描述的高标准农田，具有集中连片、旱涝保收、稳产高产、生态友好等方面的特征。其中最关键的，最基础的，是集中连片。集中连片，就是把细碎零散不平整的土地，整治成大片的平整的土地。在集中连片的整治过程中，也必然包含修建良好的田间道路、田间沟渠等。地块的大小，可能没有绝对的标准，旱田和水田也不同，关键是要能够适应大中型农机的使用。尤其是在平原地区，小型农机既不能满足深耕等作业技术要求，也不能满足投入产出效益要求。实行了"三权分置"之后，土地经营权流转和经营规模的扩大，趋势更明显，步伐在加快。调查中发现，即便农户承包土地规模相对较大的地方，如黑龙江，农户中把土地流转出去的比例也不断提高。而在广西，甘蔗的人工收获成本剧增，已经成为糖业发展的最大瓶颈，迫切需要实现机械化。这就迫切需要进行普遍的土地整治。据悉，广西已经获得国家项目支持，要全面整治改造500万亩的甘蔗种植土地。在土地整治方面，需要国家加大投入。各地具体情况不同，所需投入强度也不同。综合看，每亩需要投入 2 000～3 000 元。全部靠农民自己投入，显然是不现实的。农业农村部组建之后，有利于把原来不同部门的类似项目，整合起来，提高投入强度。中央财政要不断增加投入，地方财政实力较好的地方，也应加大这方面的投入。土地整治，是具有长效性和基础性的地力提升措施。

农田水利工程，既与土地整治相关联，也有一些特殊性。国家一向高度重视农田水利建设，几乎在每年的中央一号文件中，都必然提及。这是由我国的特殊国情和农情所决定的：在很多地方，都严重缺水。一号文件提出的目标是，到2020年，农田有效灌溉面积达到10亿亩以上，农田灌溉水有效利用系数提高到0.55以上。农田水利工程项目很多，包括江河湖库水系连通工程建设、大中型灌区建设、大型灌排泵站更新改造、小型农田水利设施建设、农村河塘清淤整治、山丘区"五小水利"及田间渠系配套、雨水集蓄利用，等等。同样，在农田水利建设方面，也亟须加大国家财政投入的支持。

耕地质量保护，涉及很多方面，包括防治土壤污染、防止水土流失、防止土壤肥力下降等。不久前，随国务院参事室调研组到黑龙江省，调研了黑土地保护问题。根据当地科研机构长期的对比研究，可以得出结论，保护黑土地肥力的根本途径，是秸秆还田。同其他措施比较，秸秆还田技术上最成熟，经济投入成本最小。美国等发达国家长期保持土地肥力的主要措施，也是秸秆还田。实行秸秆还田，需要增加切割切细秸秆和深耕覆盖的作业环节，每亩需要增加成本 80～100 元。秸秆还田的效益，是长期的，完全靠农民自己的积极性，是不够的。因此，要想普遍推广秸秆还田的做法，需要国家给予补贴——至少在目前阶段。

休耕轮作，也有助于土地肥力的保护和提高。不过，对此，各个方面的认识很不一致；尤其是当与补贴政策联系到一起时，很多人的观点，往往缺乏目标的自洽性。例如，一方面主张保留水稻的高保护价政策，另一方面又建议提供补贴，让农民休耕稻田。在黑龙江调查中了解到，国家给每亩稻田提供 500 元的补贴，农民还不愿意休耕，因为，种植水稻，所获得的收入更多。产生问题的根源，在于目标定位不准确，手段也不科学。休耕的目标，应该是生态保护，而不是减少过剩生产。为此，需要休耕的，应是边缘性土地，是那些不怎么适合种植而被种植了的土地。这样的土地，也是退耕还林、退耕还草所针对的土地。在退耕还林（草）之外，再去搞休耕政策，让好地退出耕种，是一件很费解的事。国外没有哪个国家，为了解决生产过剩问题，拿钱补贴来让优质土地休耕。至于个别重金属污染地块，需要的也是退耕，而不是休耕。

与休耕相关的一个词，是"撂荒"。在讨论中，"撂荒"一词，往往是作为问题提出来的，用以描述农民积极性的降低和农业的衰落。大部分有关撂荒的说法，都有误。一是夸大事实，把个别现象说成普遍现象；二是解读错误，把撂荒视为问题，说撂荒会对粮食安全造成威胁。其实，撂荒，通常是发生在过剩突出造成价格低迷的时候，是农民自愿主动的休耕。撂荒，是有助于提升土壤肥力的。据黑龙江有关机构的研究，经过了 35 年的撂荒（完全的野草自然生长状态）之后，土壤黑土层的厚度增加了 2 厘米。实际上，暂时的撂荒就是休耕，永久的撂荒就是退耕。

轮作，是作物生产本身的需要，主要是解决某些作物重茬迎茬种植所带来的病虫害问题。轮作，对于提高土壤肥力，并无直接效果。轮作补贴，是在玉米出现过剩的背景下提出来的，目的是"探索形成轮作休耕与调节粮食等主要农产品供求余缺的互动关系"。这是试图利用国家补贴，来干预调整农业土地资源配置。目标有问题，做起来很麻烦，效果也不一定好。关键是国家的财力有限，如果把这些钱，用于其他方面，例如土地整治，会更有价值。

实行"藏粮于地"，减少"藏粮于库"，就是把价格补贴和库存补贴的钱节省下来，增加到土地整治、农田水利工程、耕地质量保护上去。这是国家粮食安全的长远大计，是农业现代化的根本大计。休耕和轮作的事，应该交给市场机制，让农民自愿主动去做。

47. 如何打造农产品区域公用品牌

品牌很重要，代表着特定的品质和价值；影响消费者的购买决定，影响生产者的销售收入。企业品牌是一个企业独享的品牌，区域公用品牌是特定区域内生产者们所共享的品牌。

从整个农业产业发展的角度看，农产品区域公用品牌非常重要，具有普遍性的使用价值，超越了单个的企业品牌。

企业品牌，由企业自定；为获得法律保护，需要到工商部门申请注册批准。区域公用品牌，也可以由区域内部的组织自定；而为了获得国家有关部门的认可，获得法律保护，也需要申请注册批准。这种经过认定批准了的区域公用品牌，就是地理标志。

我国的地理标志管理，比较复杂。在 2018 年机构改革前，有三个国家部门介入，即国家工商总局、国家质检总局、农业部。三个部门，均发布了相关的管理办法和规定，分别是：国家工商总局的《集体商标、证明商标注册和管理办法》（2003）、国家质检总局的《地理标志产品保护规定》（2005）、农业部的《农产品地理标志管理办法》（2008），并设计使用了三种不同的标志图案。迄今为止，国家工商总局和农业部分别批准了 2 000 多个地理标志，国家质检总局批准了 1 000 多个地理标志。在各种产品中，农产品受地理位置的影响最为突出，因此，绝大部分地理标志产品，都是农产品。

农产品区域公用品牌，无非是包含着并传递出这样的信息：在某个特定的区域内生产出的某种产品，具有特别的优良品质和食用价值。公用品牌名称构成上，通常是区域名称＋产品名称。从已经获得三个国家部门批准的地理标志看，绝大多数区域覆盖范围，是县级区域，少量区域覆盖范围是地市级区域，个别是县级以下区域。这是有道理的，符合绝大部分农产品生产的规律，也与我国现代农业的发展趋势，是一致的。

不久前，调研了桂林市的几个县，这几个县，都有农产品区域公用品牌。其中，在荔浦县，有荔浦芋，是国家工商总局批准的；有荔浦砂糖橘，是农业部批准的。在平乐县，有平乐慈姑和平乐石崖茶，均是农业部批准的。在恭城县，有恭城月柿，分别获得了国家工商总局和农业部的批准。在阳朔县，有阳朔金橘，分别获得了国家工商总局和国家质检总局的批准。

机构改革之后，国家工商总局和国家质检总局合并在国家市场监督管理总局中了，农业部改为农业农村部了。原来的三套地理标志管理体系并存的情况，如何发展，是全部保留，是存二，还是存一，尚需拭目以待。

随着农业改革的不断深化，市场在农业资源配置中，日益发挥出决定性作用。我国各地的农业结构日益优化，比较优势日益凸显。农业生产区域专业化，即一县几品，甚至一县一品，不断涌现。农业要实现优质发展，实现品牌化发展，最主要的基础，就是要适应当地的自然条件，种植最适宜的产品品种。或者反过来说，每个区域，都要最大限度地发挥出自然条件的比较优势，使得产品成为全国最优或者全国最优之一。

农产品区域公用品牌建设，有三大关键环节：一是要打造好，二是要保护好，三是要使用好。

打造好农产品区域公用品牌，就是在一个区域内，把品牌做出来，建立起来。为此，需要做好，做大。做好，就是用各种技术手段，把产品的品质做好。这是最根本的：有了优品，才可能做成名牌。首先，是要种对作物。要根据当地的自然条件特点，种植最适宜的作物，这就是最大限度地发挥出区域的自然条件比较优势。其次，是选好品种。没有优质的品种，就没有优质的产品。好品种不光靠选，也要培育。第三，是做好管理。科学的管理，才能让好品种，在好条件下，产出好产品。

做大，就是要形成一定的规模，没有规模，品牌也难以建立。通过区域内部的专门化，形成区域的规模化，从而克服一家一户小生产与大市场之间的矛盾。在一个县域内，通常自然条件大体相近，包括光热、降雨、土壤、水质等。实行一县一品或一县几品，可以形成较大的区域生产专业化规模。例如，荔浦县砂糖橘种植面积达 30 万亩，恭城县月柿种植面积达 20 万亩。区域连片化种植规模较大，在生产技术普及扩散、产品质量规格标准化、市场销售渠道、产品加工处理和综合利用等方面，都可以取得很好的规模效益。做好品质，做大规模，品牌就可以建立起来了。

保护好农产品区域公用品牌，就是要确保区域内的所有产品，都能够达到均一的高品质。当区域内存在着大小规模不等的、数量众多的生产者的时候，统一的规范化的技术规程要求，就是十分重要的。这些技术规程，包括采用的具体品种、种植方式、施肥灌水、收获管理等。例如，黑龙江五常大米的生产地五常县，所种植的水稻品种高度统一，基本上都是稻花香。又如，广西百色市为保证芒果的成熟度，避免无序竞争过早上市，每年规定了最早采摘上市的时间。

对于区域内质量差的产品，要采取措施，禁止使用公用品牌。质量差的原因，可能是技术水平方面的问题，也可能是自然条件不合适。例如在海拔高度差较大的地方，区域内有些地方，可能就不适合种植区域公用品牌产品。

在保护好公用品牌方面，还有来自区域外的挑战。这是一个矛盾：如果没有人愿意假冒你的品牌，那说明你的品牌没什么影响，没什么价值；而如果别人都竞相冒用你的品牌，那就说明你的品牌树立起来了，打响了名气，但假冒产品也会直接危害到你的品牌的声誉。比较复杂的是，并不是所有的假冒，都是低质量的；由于地理标志的申请是按照行政区划，而行政区划外的邻近地区，可能自然条件也同样很好，产品质量也很好，一点也不比区域内的差。在这种情况下，从促进资源利用和优质发展的角度出发，可以扩大地理标志的涵盖范围，把这些邻近区域，也包括进来。百色芒果这个地理标志产品，就是采用了一个市级区域的名称，把所属4个县的芒果种植优势区，都涵盖了。

使用好区域公用品牌，就是让品牌效应最大化，让品牌市场价值最大化。一方面，要让尽可能多的区域内生产者，都享受到区域公用品牌的好处。这就需要给农民提出质量要求，提供技术服务。另一方面，要宣传好品牌，让更多的消费者熟悉、认可和推崇区域公用品牌。调研中发现，有的地方，满足于产品不愁卖就成（收购商到地头收购），而不愿意在广告宣传等方面费力气，让品牌取得更大的影响力。这就是没有让品牌效益实现最大化。

要打造好、保护好、使用好农产品区域公用品牌，需要当地政府和生产者组织（协会、新型合作社等）的共同努力。

48. 乡村振兴中畜牧业发展前景如何

实施乡村振兴战略，产业兴旺是重点。畜牧业的现代化发展，是产业兴旺中的重点之一。在实施乡村振兴战略中，畜牧业的发展，既面临着重大发展机遇，也受到突出的挑战。

我国畜牧业发展的最大利好，是需求的不断增加。首先，是人口总量不断增加，近年来每年全国人口净增加 700 万左右。随着计划生育政策的全面放松，每年人口的增加数量还会更大。其次，是城市人口的增加，现在每年超过 2 000 万。城市人口的平均畜产品消费水平，显著高于农村人口。城市人口数量的增加，会带动更多的畜产品消费增长。第三，是城乡人均收入水平的增加。据统计部门数据，收入最高组消费者的肉类消费支出，是收入最低组的两倍多。这意味着随着收入水平的提高，肉类消费水平也会提高。

与此同时，我国畜牧业发展也日益面临着突出挑战。主要是两大因素。

一是劳动力成本的不断上升。这促使畜牧生产方式发生重大改变。在绝大多数地区，农户畜禽散养自食方式，已经绝迹，成为历史。畜牧养殖日益走向集约化、规模化、自动化、智能化。尤其是在肉鸡、蛋鸡和肉鸭生产领域，已经出现了一些高度现代化的养殖场。这个过程，正在加速。

二是畜禽粪便排放的环境问题日益突出。在家禽和牛羊方面，粪污问题相对解决得比较好。而在生猪养殖方面，则仍然比较突出。生猪粪便的排放量大，污水部分处理难度大，处理的经济成本高。无论是大型乃至超大型的养殖场，还是中小型的养殖场，都各有难点。随着国家强化环境污染治理工作，一些在禁养区或生态敏感地区的养殖场，已经陆续关闭。不过，仅仅如此，远远不够。

从总体上看，畜禽粪便的最终出路，只能是回归农田，并且是就近。如果能够确认这一点，那就要在政策上和技术上聚焦，实行强制性种养结合，以地定畜。

在法规上，要做出明确的、具体的要求，尤其是对生猪养殖，要明确规定生猪饲养数量和周边可容纳粪便的耕地面积的关系，例如，每养5头猪必须有一亩耕地（可有地区差异）。在特殊情况下，允许采取其他方式，但必须按个案批准，并进行严格的环保监控。现在有关规定的表述仅仅是"鼓励和支持"采取种养结合的方式，不具备约束力。

在技术上，要借鉴欧美国家的做法，并结合各地的情况，开发出便利经济的生猪粪污处理、运输、施用系统化方案。未来，随着种植业规模化程度不断提高（以种粮大户或合作社等方式），采取种养结合方式，处理畜禽粪便，会变得更为容易。通常，养殖场自己难以拥有大量耕地，而需要与种植业合作。如果种植业以几亩十几亩的小农户为主，则养殖场与种植业的合作，难度更大。

展望未来我国畜牧业发展，将在规模结构、产品结构、空间结构方面，发生深刻的重大变化。

在规模结构方面，各种畜禽的规模化饲养程度提高很快。其中，鸡的规模化饲养程度最高。肉鸡饲养规模化比重为78.7%，肉鸡规模化饲养场是指每年出栏1万只以上的大型养鸡场。蛋鸡饲养规模化比重为73.8%，蛋鸡规模化饲养场是指存栏2 000只以上的大型蛋鸡场。生猪饲养规模化程度已经达到了46.9%。生猪规模化饲养场是指每年出栏

500头以上的养殖场。奶牛饲养规模化比重为58.3%，标准是存栏奶牛100头以上。畜牧生产规模化的速度很快，规模化的标准也不断提高。2016年进行第三次农业普查时，所采用的规模化标准，奶牛是存栏20头以上，生猪是年出栏200头以上。预计未来若干年内，按照现在的标准，蛋鸡和肉鸡的规模化比重将上升到90%以上，生猪和奶牛的比重将上升到80%以上。

在产品结构方面，禽肉生产会有更大的增长，而猪肉生产增长会减缓，乃至下降。在肉类中，按照猪禽（含鸡鸭鹅火鸡）牛羊统计，其占比关系是：世界平均，禽肉占38%，猪肉37%，牛肉20%，羊肉5%。禽肉在肉类生产中的占比，日本为57%，美国48%，韩国37%，欧盟27%，而我国不到22%。禽肉之中，除了我国还有些鸭鹅肉，美国有点火鸡肉之外，主要是鸡肉。

同其他肉类比较，鸡肉有着突出的优点：一是营养价值高。尤其是白羽肉鸡，具有一高三低（高蛋白、低脂肪、低能量、低胆固醇）的营养价值，更有利于健康。其蛋白质含量高，为23%左右，而其他肉类为15%～18%；脂肪含量低，为5%左右，而其他肉类为20%～30%。二是饲料转化效率高。白羽肉鸡的料肉比已达1.6∶1，而其他肉类在3∶1以上。鸡的饲料转化效率高，决定了鸡肉生产成本低，从而使得鸡肉成为价格最便宜的肉类。三是生产周期短。这使得鸡肉供给，可以更快地根据市场供求变化进行调整，从而价格波动较小。四是养鸡的环境污染小。鸡粪的使用价值高，处理比较容易。正是由于这些方面的优点，使得近10年中，我国禽肉生产的增长速度，是所有肉类中最高的，增幅将近40%。按此趋势发展，我国禽肉的比重会不断提高。尽管由于传统饮食习惯原因，我国禽肉的消费，在相当长时间内，还不会超过猪肉，但是，比重提高到30%～40%，是完全可能的。国家有关部门，应更加重视支持禽肉生产的发展。国家统计部门，也应该在统计年鉴数据中，把禽肉分列出来。

猪肉在肉类生产中的占比，日本为 31%，美国 26%，韩国 51%，欧盟 53%，而我国为 65%。过去 40 年中，我国猪肉生产在肉类生产中的比重，从超过 90%，不断下降到目前的水平。预计未来还会进一步下降。生产方面的环境限制和消费方面的习惯变化，是主要原因。

在空间结构方面，东部地区的比重会不断下降，中西部会更多，丘陵地区会更多。近年来，东部地区生猪出栏量已经呈现徘徊乃至下降趋势，2017 年更为明显：浙江生猪出栏减少了 136 万头，福建减少了 97 万头，江苏减少了 42 万头，广东减少了 31 万头。这种趋势，还会继续下去，并且扩大到其他沿海发达地区。其中最主要的原因，是养猪业对生态环境的不利影响。大体上，这个趋势是符合以地定畜原则的。

49. 如何看待和制定乡村居住建设规划

在乡村振兴规划中，村镇居住建设的规划，具有特殊重要的意义。因为，这个规划的影响所及，纵向地看，不是几年，而是几十年；横向地看，影响到很多其他规划，包括宅基地和其他建设用地的规划、水电路等基础设施建设规划，以及中小学、医院诊所等社会服务设施布局规划等。

安居，方能乐业。盖房子，是世世代代农民的头等重要大事。有些农民，现在就要盖房子。老房子太破旧了，需要盖新房子；孩子长大结婚了，也需要盖新房子；甚至，老房子也不算太破旧，但是，农民有钱了，要求更高了，就要拆旧建新。有些农民，即便现在还没有盖新房子的需要，但是，在未来几年、十几年内，肯定需要盖新房子。大部分现有的房子，不能满足农民日益增长的美好生活需要。

农民要建一所新房子，除了需要钱之外，还必须要解决三个问题：把房子建在哪里？建什么样的房子？建多大的房子？

这三个问题，不能靠农民自己解决，而是需要政府统一规划。国外市场经济国家中，也是如此。这涉及到土地用途管制，涉及到水电路等公共服务设施，也决定了一个地区的建筑景观优劣。

这三个问题，是相关联的。在不同的地方，平原和山区，南方和北方，会有较大的差异。

在山区和丘陵地区，人口密度小，每个居民点不可能很大；坡地和荒地多，应尽量利用坡地和荒地；可盖平房，也可盖 2～3 层的低矮楼房；户与户之间，距离可以稍微大些，以便种植林果树木和自食的蔬菜等。在平原地区，人口密度大，交通条件设施好，每个居民点需要大一些；为节约土地，需要盖楼房；也可集中建房，建设成类似于城市居住的小区。在小区之外，可集中安排自种自食的蔬菜园地。

这就涉及到一个重要问题，让农民住进楼房，尤其是住进单元房，是否脱离实际？甚至是荒唐？

放在十几年前，讨论农民住小区楼房，我也会认为是脱离实际；但是现在，情况已经发生很大变化。让农民住小区楼房，不仅是现实的，可行的，而且是合理的，应该的。

在我国，"农民"这个词，含义很笼统。通常，只要是有农村户籍的成年人，都被称为农民。实际上，包括了三部分人：在农村务农的，在农村从事非农工作的，外出进城务工的。这不太科学，但人们都这样使用。住楼房是否适合，主要是看第一部分人。

首先，以前，千家万户的小农，自己要养畜禽自食，每家养三两头猪，十几只鸡，比较普遍。这样的农民，是无法住进楼房里的。而现在，绝大部分地区，尤其是在东部平原地区，在自己院落里养猪养鸡的农民，已经没有了。现在的养猪养鸡，都是规模化饲养。住什么房子，都没有关系了。

其次，东部平原地区，大田作业已经高度机械化，主要作业环节，日益为社会化服务组织所承担。主要农作物的整地、播种、植保、收割、烘干、储藏等，均可以通过托管或者社会化服务方式，由合作社或者专业公司来完成。小农户自己，已经不需要使用和保管各种小农机具，也不需要储藏粮食。那些在合作社和农业服务公司工作的人员，也可以说是农业工人，也不需要把农机具带到家中来。合作社和农业服务公司，都有专门的地方存放和保管农机具。

在农村从事非农业工作的人，住在楼房小区中，也不会直接影响到他们的职业工作。至于那些常年居住在城里的农民工，他们对老家的住房需求，不是实际生活需要的，而是精神上的需要，是预防在城里待不下去时的退身之地，也完全可以是小区中的楼房。

根据各种因素分析，我国平原地区的农业，无论是以何种组织方式，一定会快速机械化和规模化。其中，最重要的原因，是劳动力价格的快速提升。如果难以实现机械化，生产就会萎缩。例如，在华北和长江中下游地区，近年来，棉花生产急剧减少，主要原因就是劳动成本太高，又难以用机械替代。替代棉花的，是小麦和玉米，其面积大幅度增加，主要原因，就是易于机械化。同时，华北平原和长江中下游平原的各个省份，平均农户的占地规模均在 5～7 亩左右。以这样少的土地，从事大田种植，收入极为有限。因此，越来越多的农民会放弃种植，他们或者加入合作社，把所有的生产作业交给合作社完成；或者干脆把土地经营权出租，只收租金，不问农事。结果就是，在这些地区，仍然有很多的农民，但是，真正从事农业生产活动的人，会大幅度减少。

此外，在平原地区，现在的交通已经非常便利，一方面高等级路网已经相当发达，另一方面，农民自己的出行工具大为改善。据全国农业普查数据，东部平原地区省份的农民，平均拥有小汽车的家庭超过 25％，拥有摩托车和电瓶车的比例超过 100％。这样，农民相对集中居住，到田间的距离远一些，也不是问题。

建设集中的农村居住楼房小区，主要的好处有：一是节约土地。根据江苏省睢宁县的数据，平均每户可节约出一亩土地；二是农民可享受各种现代化生活的便利，包括卫生设施、暖气、网络、各种小区服务设施等。

当然，新的楼房居住小区，也不是唯一选项。这里只想指出，这样的做法，以前可能有问题，而现在，对于一些地区来说，已经成为一个很好的选择。

居住点建设规划，不仅包括村庄，也包括县城和乡镇政府所在地。要在县和乡镇所在地，预留出一些商品房建设的空间。因为，农村人口向乡镇所在地和县城集中，是大势所趋。尤其是二代和三代农民工，如果要还乡，也是倾向于到县城和乡镇所在地买房子，而不是回老家村里造房子。

考虑到人口向上集中的趋势，农村建房的户型面积，也要从严控制，要更小一些。现在很多地方农民新建的房子，都是"高、大、空"，很不适用，很是浪费。无论是小区楼房，还是独栋楼房，都要控制高度。一般说来，楼房高度不宜高于周边绿化的树木。即俗语所说，人睡觉地方的高度，不超过鸟睡觉的高度。

农村房屋的建筑风格，包括材料、样式、颜色等，也体现了一种文化。要结合当地的自然条件和文化传统，形成比较和谐好看的建筑风格。要在规划上做出一些引导和指导。

村镇居住建设规划，极为重要，需要高度重视；必须拿出足够的人力，足够的经费，足够的时间，去做；做这件事的，应是县级或者县级以上的政府部门。让乡镇甚至村庄自己去做，是做不好的。

50. 如何理解乡村振兴中的人才振兴

乡村振兴，人才为要。习近平总书记高度重视人才的重要作用，他指出，发展是第一要务，人才是第一资源，创新是第一动力。总书记指出的乡村振兴五个具体路径中，人才振兴占据重要地位。

产业兴旺、生态宜居、乡风文明、治理有效、生活富裕，每一个方面，都离不开人才的重要作用。

在产业兴旺方面，最重要的人才，是农业经营管理人才（农业职业经理人）、新型职业农民、农业科技人才和农村电商人才。

农业经营管理人才，是产业兴旺最迫切需要的人才。我国发展现代农业的突出矛盾，是小生产与大市场的矛盾。小生产是我国国情所决定的，大市场是"人民日益增长的美好生活需要"所决定。为了解决小生产与大市场的矛盾，就需要进行各种方式的农业组织创新，包括新型合作社、农村专业技术协会、一二三产业融合、公司＋农户、公司＋基地等。所有这些新型组织方式，本质上都是土地、资本、技术、管理的高级结合方式。而其中起到启动、协调、推动作用的，是经营管理人才。农业经营管理人才，要求视野开阔，有独到的眼光，去认识、开发和配置资源，成功地创业；要求关注党的三农大政，深刻领会政策文件精神；要求能够把握市场规律和行情趋势；更要求有高度的三农情怀，爱农业，懂农业。现在说的农业职业经理人，也属于这类经营管理人才。

新型职业农民，其主要特征，就是总书记定义的"爱农业、懂技术、善经营"。应是以农业为主业，生产水平高，并且以农业为主要收入来源的农民。农业收入应占其收入的 90% 以上。这将是现代农业的生产者主体。

农业科技人才，包括生产一线的技术应用人才和提供科技支撑的科研人员。从大田种植业，到园艺业，到畜产养殖业，到各种特殊产品的种植和养殖业，到乡村休闲观光旅游业，都离不开科技的作用。农业科研人才，主要集中在农业高校和农业研究院所。他们人数不多，但作用巨大：不断研发、引进和提供新的技术，为一线的技术应用人才，提供源头性的新技术支撑。

农村电商人才，也是亟须的特殊人才。农村电商，既是一种新业态，也是整个农村产业兴旺的新的支撑力量。农村电商人才，既要懂电商，更要懂农业和农产品，懂得农产品市场经营。

在生态宜居方面，最重要的人才，是环境治理人才和景观设计人才。实现生态宜居，关键是两个方面：一是让环境更干净，需要处理治理好粪污、污水和垃圾；二是让环境更美丽，需要在生态景观、建筑景观、人文景观方面，有更好的设计和建设。相应地，这两个方面的人才，必不可少。

在乡风文明方面，最重要的人才，是文化传播人才。实现乡风文明的关键，是弘扬社会主义核心价值观，使之深入人心，落实到每个人的行动上。这需要用有效的文化传播方式，进行熏陶培养。

在治理有效方面，最重要的人才，是乡村管理人才。其中的核心，是村支委和村委会干部队伍。尤其是主要负责人，要具备较好的自治、法治、德治觉悟和能力。

在生活富裕方面，最重要的人才，是教育方面和医疗方面的人才。随着收入的不断提高，基础设施条件的不断改善，农民在物质生活方面的水平不断提高，对教育和医疗服务方面的要求也会不断提高。对农村教师和农村医生服务水平的要求，也日益提高。

农村是整个社会的一个部分，所需要的各个方面的人才类型很多。以上十个方面的人才，应该是最主要的和最基本的。其中有些人才，是要根植于农业农村内部，而另外一些人才，则不可能来自于农业农村内部，而主要是来自于农业农村外部的支持，例如科研人员、环境治理人员、景观设计人员等。

各地人才振兴面临着一些共性的挑战，主要包括：农村人口的基础教育水平较低，缺乏人才成长的基础；大部分受过较高水平教育的青壮年，都外出到城市中去务工了；农村的生活设施条件总体较差，对外来人才的吸引力不大，等等。

人才振兴，是一个长期性的过程，是一个渐进的过程。目前，尽管仍然有很多挑战，但比起以前，已经有不少明显的向好势头。党的十九大提出了乡村振兴战略，各级政府高度重视，社会各界积极参与，都是非常重要的有利因素。

乡村振兴中的人才振兴，涉及到诸多方面。其中最关键的，是人才的引进、使用、培养和激励。

在引进人才方面，要不拘一格，重在实效；不求所有，但求可用。从国内外引进人才，应不拘泥于某一具体形式。能够全职引进，自然最好；柔性引进（每年几个月的兼职性聘任），也是适当的形式；就某个具体项目或者某项具体工作，例如进行县域的产业规划和村镇建设规划，临时性聘请外部专家，可能更是常见的有效方式。关键是引进和利用外部智力，对乡村振兴进行强力推动。引进人才，本质上是对新思想、新技术、新方法的引进，是让外部智力为各地乡村振兴的实践服务。通过引进人才，也能够带动和培育本土人才。

在使用人才方面，要人尽其能，提供平台；用其所长，宽松包容。

尤其是各种专业人才，通常个性特点较强，对他们，不能求全责备，而是要创造和提供宽松的氛围，尽可能让他们充分发挥出做好事业的潜能。

在培养人才方面，要突出重点，长短结合。近期看，企业经营管理人才（致富带头人）、职业农民、村干部，是引领性强、带动力大、需求量多、作用期长的三类关键性人才，应着力强化工作力度。培训的选择对象人群，重点应是涉农企业管理人员、返乡农民工、退伍军人等。一方面，在农村人群中，他们的视野更宽阔，思路更灵活；另一方面，同来自城市的人比较，他们对基层的实际更熟悉，对三农的情怀更深厚。人才培育，尤其是企业经营人才（创业人才），要有广种薄收思维，不能急功近利；要努力提供宽松的人才成长政策环境，提供宽阔的培养培训平台，并且结合着实践进行培养扶持。

在激励方面，要市场激励和政策激励相结合。要努力按照人才对社会的贡献，提供酬劳。要特别尊重技术人才和管理人才的重大作用和重要贡献，依法依规，切实保护好人才智力劳动的合法所得。在本质上，这也是最重要的保护人才措施。

图书在版编目（CIP）数据

三农思语 / 柯炳生著 . —北京：中国农业出版社，
2018.10
ISBN 978-7-109-24745-1

Ⅰ . ①三… Ⅱ . ①柯… Ⅲ . ①三农问题－中国－文集
Ⅳ . ①F32-53

中国版本图书馆 CIP 数据核字（2018）第 239526 号

中国农业出版社出版
（北京市朝阳区麦子店街 18 号楼）
（邮政编码 100125）
责任编辑 赵 刚

北京通州皇家印刷厂印刷 新华书店北京发行所发行
2018 年 10 月第 1 版 2018 年 10 月北京第 1 次印刷

开本：700mm×1000mm 1/16 印张：12.75
字数：145 千字
定价：38.00 元
（凡本版图书出现印刷、装订错误，请向出版社发行部调换）